Faites votre pâtisserie

LENÔTRE

Faites votre
pâtisserie

PHOTOGRAPHIES
DE PIERRE GINET

FLAMMARION

© Flammarion 1975
ISBN 2-08-202513-6
N° d'édition FT251310
Imprimé en Italie
par G. Canale & C. S.p.A. - Turin
Achevé d'imprimer : mai 1999

AVANT-PROPOS

Le respect des traditions, la connaissance des classiques, c'est bien! Mais l'art de la table n'est pas immuable et j'ai voulu dans ce livre expliquer ce qu'est la *nouvelle pâtisserie française*. Participant depuis plusieurs années à la création d'une nouvelle pâtisserie et cuisine françaises, j'ai fondé tout d'abord en 1970, l'École Lenôtre « École française de perfectionnement gastronomique » destinée plus particulièrement aux professionnels.

Aujourd'hui, c'est aux maîtresses de maison que je m'adresse, à celles qui ont à cœur de satisfaire leur famille et leurs invités et qui sont souvent déçues de ne pas réussir leur gâteau car les recettes en sont incomplètes ou obscures. Je leur donne mes recettes et leur révèle aussi mes « trucs » de pâtissier, les tours de main leur permettant de les réussir sans problème.

J'espère avec ce livre vous donner la satisfaction de déguster chez vous une pâtisserie de qualité et le plaisir d'exécuter des recettes. Préparer un gâteau, c'est donner un air de fête à votre repas; c'est une façon de faire plaisir et ce peut être également une distraction pour les enfants qui aimeront vous aider et faire l'essai de leur habileté manuelle.

La réussite d'une recette dépend d'abord de la qualité des matières premières. On ne peut faire de bonne pâtisserie avec des produits de second ordre ou des produits de remplacement (ne remplacez jamais les 450 g de beurre fin de la pâte à brioche par 450 g de matière grasse quelconque). On ne peut parler de gastronomie quand on emploie de la margarine, des arômes artificiels, des colorants chimiques. Il n'y a qu'un pas entre un produit médiocre et un produit nocif. Trop de pâtissiers font encore des gâteaux avec des matières premières de mauvaise qualité et vendent sous le nom de Saint-Honoré ou de moka des desserts qui ne sont que de très mauvaises imitations. Combien de fois le Succès ne méritait pas son nom?

Mais un produit de qualité est souvent fragile, comme le coup de main d'un bon artisan : un jour parfait, le lendemain moins réussi et vous connaîtrez peut-être les mêmes déboires qu'un chef pâtissier. Soyez persévérantes, la réussite viendra vite.

Avant la réalisation de votre première recette, permettez-moi de vous donner ces conseils :

— ne négligez pas l'importance du rôle du matériel dans la réussite de vos recettes;

— ne commencez jamais une recette avant d'avoir réuni sous vos yeux les différents ingrédients ainsi que le matériel nécessaire.

Vous pouvez maintenant choisir votre gâteau. Vous ne trouverez pas dans ce volume de recettes de glaces, de confiseries, de chocolats ou de cuisine qui feront l'objet de volumes séparés.

J'ai sélectionné pour vous mes recettes les plus faciles à réaliser, puis elles ont été simplifiées et mises au point par l'un de mes chefs pâtissiers, Jean-Claude Dudoit, et par ma fille Sylvie qui les a toutes exécutées chez elle, recommençant plusieurs fois la même recette jusqu'à ce que le résultat soit parfait et le tour de main le plus simple possible.

Cette préparation patiente et minutieuse des recettes a abouti à une présentation tout à fait nouvelle et originale.

VOICI CE QUE VOUS TROUVEREZ DANS CE LIVRE

Présentation des recettes - Illustrations

Deux chapitres pour vous expliquer les recettes de base : pâtes et biscuits, crèmes et sirops. Ces chapitres sont abondamment illustrés de photos des manipulations qui sont très simples à exécuter mais difficiles à comprendre si on ne les a pas vu faire.
Les chapitres suivants sont abondamment illustrés de photos en couleurs en vis-à-vis de la recette montrant le gâteau terminé et également différents stades de sa préparation. Très souvent plusieurs variantes d'une même recette sont expliquées tant pour la garniture que pour le décor.

Fiches plastifiées

Les deux premiers chapitres sont également publiés sous forme de fiches plastifiées reprenant texte et photos. Vous pourrez vous procurer ces fiches en librairie. Elles vous éviteront de tourner les pages pendant la réalisation d'un dessert, car vous aurez sous les yeux en même temps que la recette du gâteau, la recette des bases qui le composent.

Quantités

Les quantités données pour les recettes peuvent vous paraître un peu trop importantes mais il est aussi facile et aussi rapide de préparer 400 g que 200 g de pâte à baba par exemple. Vous pourrez ainsi cuire ensemble un gros baba et 10 petits savarins et congeler un de ces deux desserts. De même un litre de crème au beurre ne demande pas plus de préparation qu'un demi-litre et se conserve huit jours au réfrigérateur.

Index des matières premières et des bases

C'est une aide tout à fait originale qui vous est apportée par l'index faisant apparaître immédiatement le nom de toutes les recettes que vous pouvez préparer à partir d'un produit ou d'une pâte ou crème de base. Par exemple, si vous aimez le chocolat, vous trouverez dans l'index toutes les recettes dans lesquelles vous pouvez l'utiliser : crèmes, éclairs, soufflés, charlottes... ou bien si vous avez préparé une grande quantité de crème au beurre, vous trouverez toutes les recettes vous permettant de l'utiliser.

Conservation, congélation

Pour chaque recette, j'indique comment et combien de temps conserver les préparations et, chaque fois que cela est possible, la façon de les congeler.

Matériel

Beaucoup d'entre vous possèdent des petits robots ménagers, fouets électriques et mixers ; je les ai testés, ces recettes les utilisent au maximum. Les bols hermétiques sont également utiles, mais certains gadgets, genre seringue pour garnir ou décorer un entremets, sont absolument inefficaces. Sylvie a par exemple découvert le papier siliconé que j'emploie : révolution dans la cuisson au four. Plus de plaque à beurrer, une meilleure cuisson et un décollage facile assuré ! Je vous conseille également d'employer des cercles métalliques de préférence aux moules dans la préparation des tartes. Tous les pâtissiers professionnels les utilisent pour foncer les tartes. La pâte est ainsi en contact direct avec la plaque du four et le fond cuit beaucoup mieux, la chaleur étant également répartie et le démoulage évidemment plus facile. D'autre part, le tableau des aide-mesures vous permettra de mesurer des petites quantités simplement à l'aide de cuillers (voir p. 16).

Fours

Le choix du four est tout à fait primordial en pâtisserie. D'après mon expérience les meilleurs résultats sont obtenus en utilisant un four électrique à thermostat.

— Pensez toujours à retirer les plaques de cuisson avant d'allumer le four sinon les préparations se dessècheront. De toute façon, elles ne doivent être dressées que sur plaque froide.

— Les fours ménagers ne permettent pas en général de cuire correctement sur deux plaques à la fois, et vous devrez par exemple cuire les trois abaisses de feuilletage du millefeuille l'une après l'autre, mais n'hésitez pas, quand cela est possible, à cuire deux gâteaux sur une même plaque : deux brioches, deux génoises par exemple. Les thermostats variant d'un four à l'autre, j'ai préféré vous donner la température exacte de cuisson, l'indication du numéro du thermostat n'est donnée après qu'à titre indicatif. Le tableau de la page 16 vous donnera les correspondances exactes.

Difficulté des recettes

Avant de commencer une recette, vous connaîtrez tout de suite son degré de difficulté que j'ai signalé à l'aide de toques de pâtissier :

Une toque   : recette réussie même par une débutante.

Deux toques : recette plus élaborée mais sans problème.

Trois toques : recette demandant un peu d'habitude et qui ne sera peut-être pas réussie la première fois.

Et maintenant que toutes les difficultés sont aplanies et que tous les secrets sont dévoilés, il ne me reste qu'à souhaiter que vous preniez du plaisir à réaliser et à déguster vos desserts.

EXPLICATIONS DES PRINCIPAUX TERMES EMPLOYÉS

ABAISSE : pâte amincie et allongée au rouleau (voir photo 4, p. 24).

ABRICOTAGE : confiture d'abricots sans les fruits entiers, chaude, que l'on étale au pinceau.

APPAREIL : préparation servant de base à la confection d'une mousse, crème ou pâte.

BEURRER : enduire de beurre les parois et le fond d'un moule à l'aide d'un pinceau.

BEURRE CLARIFIÉ : voir clarifier.

BEURRE NOISETTE : le beurre qui cuit dans une casserole dégage, quand il a fini de bouillir et juste avant la coloration, une délicieuse odeur de noisette.

BEURRE POMMADE : mou, ayant la consistance d'une pommade ; pour obtenir cette consistance, le sortir une heure à l'avance du réfrigérateur.

BLANCHIR : fouetter les jaunes d'œufs et le sucre jusqu'à ce que le mélange soit blanc et mousseux.

CASSON : sucre en gros grains (pour les sacristains, diamants et la brioche bordelaise).

CHEMISER : garnir les parois d'un moule d'une couche de biscuits ou de pâte ou d'une feuille de papier.

CHIQUETER : faire des entailles régulières et en biais sur les bords d'une pâte pour former un décor, à l'aide d'un couteau (voir photo 21, p. 38).

CLARIFIER : porter à ébullition le beurre et le laisser reposer. Le petit-lait se sépare de la matière grasse et reste au fond de la casserole. N'utiliser alors que le dessus qui s'appelle le beurre clarifié.

CONCASSER : écraser grossièrement.

CORSÉE : pâte qui a été travaillée longtemps et qui est devenue élastique.

COUCHER : mettre en forme une pâte ou crème sur une plaque à l'aide d'une poche à douille.

DESSÉCHER : passer les éléments sur feu vif, pour ôter l'excédent de liquide.

DÉTREMPE : mélange d'eau, de farine, de sel et éventuellement de beurre.

DORER : enduire la pâte à l'aide d'un pinceau avec de l'œuf battu pour qu'elle colore à la cuisson.

DRESSER UNE PATE : la mettre en forme de choux, éclairs... à l'aide de la poche à douille, d'une cuiller ou avec les doigts.

ÉMINCER : couper en tranches fines.

FARINER : saupoudrer légèrement de farine le plan de travail, les mains, le rouleau ou les plaques beurrées lorsque le beurre est figé.

FONCER : garnir le moule d'une abaisse de pâte (voir photo 20, p. 38).

FOUETTER : battre, dans un bol, une masse liquide avec un fouet.

FRAISER : allonger une pâte brisée ou sablée avec la paume de la main pour la rendre homogène.

FRÉMIR ou FRISSONNER : se dit d'un liquide juste avant l'ébullition.

GLACER : recouvrir un gâteau de fondant, de glaçage, ou saupoudrer un gâteau de sucre glace et le passer au gril quelques instants pour caraméliser le sucre.

MACÉRER : laisser plusieurs heures des fruits baigner dans une préparation aromatique souvent alcoolisée.

MASQUER : recouvrir un gâteau d'une couche de crème avec une palette pour en égaliser la forme avant le glaçage.

MASSE : mélange homogène de quelques ingrédients, servant de base à une autre préparation plus élaborée.

NAPPER : recouvrir un gâteau d'une crème, d'un glaçage, d'une gelée, etc., pour lui donner une bonne présentation.

PATON : morceau de pâte suffisant pour faire une tarte, brioche ou autre gâteau.

POUSSE : gonflement sous l'action de la levure d'une pâte à brioche, à babas ou à croissants.

PUNCH : sirop à entremets alcoolisé.

PUNCHER : imbiber de sirop à entremets à l'aide d'un pinceau.

RÉDUIRE : cuire une sauce ou des fruits pour les épaissir et les concentrer.

ROMPRE (une pâte à brioche ou à babas) : soulever la pâte avec la main légèrement farinée puis la laisser retomber d'un mouvement vif (voir photo 14 p. 35). Cette opération doit être faite deux fois pendant la pousse.

TRAVAILLER : battre un liquide à l'aide d'un fouet ou remuer une pâte à la main ou à la spatule pour les rendre homogènes.

VANNER : fouetter une sauce ou crème pour éviter qu'une peau ne se forme à la surface pendant le refroidissement.

ZESTER : râper une écorce d'orange ou de citron avec une râpe à fromage ou un zesteur.

1 Cercles métalliques à tarte et à entremets
2 Douilles unies de 0,2 cm à 2 cm de diamètre
3 Douille dentelée
4 Douille cannelée } pour le décor des entremets
5 Écumoire
6 Four électrique avec thermostat
7 Fouet en acier inoxydable
8 Moule à cake ou à quatre-quarts
9 Moule à kouglof
10 Moules individuels ovales
11 Cercle rond pour gâteau individuel
12 Cercle à tartelette
13 Pale (pour pétrir les pâtes)
14 Poche plastifiée (utilisée avec les douilles)
15 Pinceau plat (pour beurrer ou abricoter)
16 Robot ménager (pour fouetter et pétrir)
17 Spatules de bois
18 Thermomètre à sucre
19 Verre gradué

1   Balance double balancier et poids
2   Caissettes à babas plastifiées
3   Caissettes à gâteaux individuels
4   Corne plastifiée
5   Couteau-scie
6   Cul-de-poule en acier inoxydable (idéal pour travailler une masse au fouet ou
      à la spatule)
7   Dentelles rondes blanches
8   Forme (pour découper les biscuits)
9   Grille pâtissière 30 × 40 cm
10 Moules à brioches individuelles
11 Moules à tartelettes petits fours
12 Moule à brioche parisienne
13 Moule à tartelette individuelle
14 Moule à génoise
15 Moules à sablés
16 Papier siliconé (feuilles de 30 × 40 cm pour une meilleure cuisson au four et un
      décollage facile)
17 Rouleau à pâtisserie en bois
18 Poudrette à sucre glace
19 Triangle (pour la meringue d'automne)
20 Palette métallique
21 Petite louche
22 Couteau de cuisine
23 Couteau épluche-légumes
24 Planche à découper
25 Zesteur

AIDE-MESURES

UNE CUILLER A SOUPE RASE CONTIENT :

sucre semoule	:	10 g
farine	:	5 g
sel fin	:	10 g
cacao en poudre	:	5 g
semoule ou fécule	:	6 g
liquide, rhum ou autre	:	1/8 décilitre
crème d'amandes	:	7 g

UNE CUILLER A CAFÉ RASE CONTIENT :

sucre semoule	:	3 g
sel fin	:	3 g

UN QUART DE LITRE CONTIENT :

8 blancs d'œufs

5 œufs entiers pesant entre 225 g et 250 g

200 g semoule ou fécule

225 g sucre semoule

160 g farine

UN ŒUF PÈSE ENTRE 45 g et 55 g

CORRESPONDANCE TEMPÉRATURES/THERMOSTATS DES FOURS :

150° : thermostat 3-4

170° : thermostat 5

200° : thermostat 6

220° : thermostat 7

240° : thermostat 8

250° : thermostat 9-10

CHAPITRE I

PATES ET BISCUITS
RECETTES DE BASE

RECETTES :   1   BISCUITS A LA CUILLER

2   BISCUIT ROULÉ

3   FEUILLETAGE CLASSIQUE

4   FEUILLETAGE RAPIDE

5   FOND DE SUCCÈS

6   GÉNOISE NATURE

7   MERINGUE FRANÇAISE
MERINGUE ITALIENNE
(voir recette 101)

8   MERINGUE SUISSE
PATE A BABAS
(voir recette 62)

9   PATE A BRIOCHE SURFINE

10   PATE BRISÉE

11   PATE A CHOUX

12   PATE SABLÉE SUCRÉE

1
BISCUITS A LA CUILLER

Utilisés dans la préparation des bavarois et des charlottes, mais délicieux tels quels ou avec un peu de Chantilly, de coulis de fruit, de crème à la vanille ou au chocolat, de compote.

PRÉPARATION : 25 MN

CUISSON : 18 MN
PAR PLAQUE DE 20 BISCUITS

INGRÉDIENTS POUR 40 BISCUITS :

5 ŒUFS (1/4 LITRE)
150 G DE SUCRE SEMOULE
125 G DE FARINE
100 G DE SUCRE GLACE

MATÉRIEL :

POCHE A DOUILLE ⌀ 2 CM
FOUET
BOL DE 1 LITRE
CUL-DE-POULE
POUDRETTE
PLAQUES DU FOUR
PAPIER SILICONÉ

Chauffez le four à 180° (th. 5).
Séparez les blancs des jaunes, choisissez les œufs de telle façon que leur volume soit égal à 1/4 de litre, 5 œufs peuvent en effet être d'un volume nettement inférieur ou supérieur, ce qui fausserait le rapport des quantités dans cette recette.

Masse 1 : Fouettez dans le bol les jaunes avec 125 g de sucre semoule. Travaillez à vitesse moyenne pendant 5 mn, puis incorporez la farine sans la travailler.

Masse 2 : Montez les blancs à grande vitesse pendant 5 mn en ajoutant 25 g de sucre à mi-parcours pour les soutenir.

Versez, en une seule fois, la *masse 1* sur la *masse 2* et mélangez, avec délicatesse, le moins longtemps possible.

Recouvrez vos 2 plaques de papier siliconé. Faites adhérer le papier sur la plaque en le collant aux quatre coins avec une noisette de mélange. Dressez le mélange à la poche à douille ($\varnothing$ 2 cm) en formant 20 biscuits de 9 cm de long par plaque (photo 1, p. 19). Le mélange ne pouvant attendre, les 2 plaques doivent être remplies en une seule fois. Saupoudrez de sucre glace, et passez au four pendant 18 mn, une plaque à la fois. Évitez d'ouvrir le four pendant la cuisson, mais regardez, après 12 mn environ, si la plaque a besoin d'être mise devant derrière pour une coloration uniforme.

Conservation : Se conservent parfaitement 15 jours voire 3 semaines, dans une boîte hermétique au sec.

Congélation : Vous pouvez les congeler dans une boîte hermétique. Les laisser reprendre 24 h avant dégustation. Dans ce cas, vous les consommerez dans les 3 à 4 jours, sinon ils moisiraient.

Conseil : Si vous n'avez pas de papier siliconé, dressez le mélange sur les plaques légèrement beurrées et copieusement farinées.
La *masse 1* peut être parfumée avec 20 g de sucre vanillé, ou une cuillerée à soupe d'eau de fleur d'oranger, ou le zeste d'un demi-citron si les biscuits sont destinés à être dégustés tels quels.

2

BISCUIT ROULÉ

Bien décoré, il deviendra une bûche de réveillon ou dix bûchettes au parfum de votre choix.

PRÉPARATION : 15 MN

CUISSON : 7 MN ENVIRON

INGRÉDIENTS POUR 10 PERSONNES :

75 G DE SUCRE
75 G DE FARINE
25 G DE BEURRE EXTRA
3 BLANCS D'ŒUFS
4 JAUNES D'ŒUFS

MATÉRIEL :

1 PLAQUE DU FOUR
1 FEUILLE DE PAPIER
BOL ET FOUET ÉLECTRIQUE
PETITE CASSEROLE
PALETTE
CUL-DE-POULE DE 2 LITRES

Les quantités sont données pour une plaque, mais préparez-en deux, vous pourrez en conserver une facilement.

Chauffez le four à 240° (th. 7-8).

Faites fondre le beurre dans une casserole.

D'autre part fouettez les jaunes d'œufs et le sucre à vitesse moyenne pendant 5 mn. Incorporez la farine sans la travailler.

Puis montez les blancs d'œufs en les soutenant avec une cuillerée à café de sucre à mi-parcours. Versez les blancs fermes et le beurre fondu en même temps sur le mélange. Incorporez le tout délicatement.

Étalez cet appareil délicatement en donnant le moins de coups de palette possible sur une feuille de papier blanc beurrée et posée sur la plaque du four, bien uniformément sur une épaisseur de 1,5 cm pour éviter les parties sèches, ce qui arrive lorsqu'il y a des parties trop fines. Faites cuire 7 mn environ à 240°.

Décollez le biscuit dès la sortie du four en le retournant sur le plan de travail et en mouillant le papier à l'eau avec un pinceau. Après 2 mn, le biscuit se décollera tout seul.

Laissez-le refroidir recouvert d'un linge pour lui conserver tout son moelleux.

Le biscuit est prêt à être garni et roulé (voir recette 66).

Vous pouvez préparer en une seule fois le double des quantités données ci-dessus. Dresser la pâte sur 2 plaques et cuire en 2 fois, la cuisson étant très rapide. Si l'un des 2 biscuits doit attendre avant d'être garni, laissez-le sur le papier, roulé sur lui-même : il séchera moins.

👨‍🍳👨‍🍳👨‍🍳

3
FEUILLETAGE CLASSIQUE

Le principe de feuilletage consiste à enfermer dans une pâte assez dure (la détrempe) une certaine quantité de beurre froid et, par une succession de pliages (trois fois deux tours), d'obtenir une superposition de couches alternées de beurre et de pâte qui à la cuisson donneront les « feuillets ». Un peu difficile à réussir, elle nécessite de la patience, mais nos photos vous aideront dans sa confection.

PRÉPARATION : 30 MN

TEMPS DE REPOS : 5 H

INGRÉDIENTS
POUR 1,200 KG DE PATE :

MASSE 1 (DÉTREMPE) :
500 G DE FARINE SURFINE
75 G DE BEURRE POMMADE
15 G DE SEL
1/4 LITRE D'EAU

MASSE 2 :
500 G DE BEURRE FIN

MATÉRIEL :

BOL PÉTRISSEUR, CORNE PLASTIQUE
BOL DE 1 LITRE 1/2
2 FEUILLES DE PLASTIQUE
ROULEAU
RÉGLETTES DE CARTON FORT

2

3

Détrempe : Dans le bol pétrisseur, mélangez à petite vitesse en 30 s la farine et le beurre pommade, puis le sel fondu dans l'eau. Finissez au besoin à la main avec la corne en plastique. Donnez la forme d'une boule. Quadrillez la surface avec un couteau. Mettez au froid 2 h pour détendre la pâte dans un récipient couvert.

Tapez 500 g de beurre froid entre deux feuilles de plastique pour le rendre homogène, tout en le laissant ferme.

Étalez la détrempe en carré, posez le beurre au centre, rabattez les bords (photo 2, p. 23).

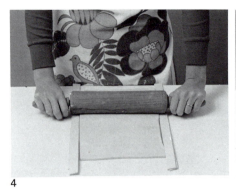 

4   5

Donnez un tour, c'est-à-dire allongez l'abaisse, pliez-la en trois, tournez-la d'un quart de tour, puis abaissez à nouveau (photo 3, p. 23). Pour donner le second tour recommencez les opérations à : « allongez l'abaisse... ».
Mettez au frais bien enveloppé 1 h.
Donnez à nouveau deux tours.
Remettez au froid 1 h.

Conservation : Pour conserver la pâte 3 à 4 jours (pas plus longtemps sinon elle noircirait), emballez-la à ce stade, hermétiquement en 3 pâtons qui auront 4 tours, dans du papier d'aluminium ou un film plastique.

Congélation : Sortez du congélateur 24 h avant l'utilisation en laissant reprendre la pâte au réfrigérateur.
Au moment de l'utilisation, donnez encore deux tours et laissez reposer 1 h au froid.

Conseils pour abaisser le feuilletage régulièrement : Découpez dans des bandes étroites de carton fort des réglettes de 25 cm de long. Selon l'épaisseur désirée, vous superposerez deux ou trois réglettes de chaque côté de votre pâte ; elles vous serviront de cadre, vous pourrez ainsi abaisser à 2 mm ou 3 mm (photo 4, p. 24) pour former les tartelettes (photo 5, p. 24).

4

FEUILLETAGE RAPIDE

Idéal pour la maîtresse de maison, car il ne rétrécit pas et monte tout droit.

Utilisez-le pour le millefeuille ainsi que pour toutes les recettes comportant du feuilletage.

PRÉPARATION : 20 MN

TEMPS DE REPOS : 3 H

INGRÉDIENTS
POUR 930 G DE PATE :

MASSE 1 (DÉTREMPE) :
500 G DE FARINE EXTRA
200 G DE BEURRE
15 G DE SEL
2 DÉCILITRES D'EAU

MASSE 2 :
200 G DE BEURRE FIN

MATÉRIEL :

BOL PÉTRISSEUR, CORNE PLASTIQUE
SALADIER DE 1 LITRE, ROULEAU
2 FEUILLES DE PLASTIQUE
RÉGLETTES DE CARTON FORT

Détrempe : Dans le bol pétrisseur, mélangez à petite vitesse (30 s) la farine et le beurre mis en gros morceaux, puis le sel et l'eau. Finissez au besoin à la main et à la corne en plastique. Donnez la forme d'une boule. Couvrez la détrempe et laissez reposer dans un saladier au froid pendant 1 h.

Tapez le beurre de la *masse 2* entre deux feuilles de plastique avec un rouleau pour le rendre homogène.

Donnez un tour double, c'est-à-dire (voir photos 6 et 7, p. 25) abaissez en longueur la pâte sur le plan de travail fariné, étalez les 200 g de beurre sur les deux tiers, et rabattez en pliant en trois.

Tournez d'un quart de tour, allongez en une bande que vous repliez en quatre (photo 7, p. 25). Tournez à nouveau d'un quart de tour, allongez et repliez en quatre, pour donner le deuxième tour double.

Mettez au froid bien enveloppé, pour que la pâte ne croûte pas, pendant 1 h.

Employez ce feuilletage le jour même (ou bien congelez-le), mais ne le conservez pas simplement au frais.

Congélation : Vous débitez la pâte à ce moment en pâtons de 375 g et 500 g que vous emballez séparément, dans un film plastique ou du papier d'aluminium. Vous laisserez reprendre le feuilletage 24 h au réfrigérateur avant son utilisation.

Avant de l'utiliser, donnez à nouveau deux tours doubles comme expliqué ci-dessus, et utilisez comme le feuilletage classique.

Conseil pour abaisser le feuilletage régulièrement : Découpez des bandes étroites de carton fort en réglettes de 25 cm de long. Selon l'épaisseur désirée, vous superposerez deux ou trois réglettes de chaque côté de votre pâte ; elles vous serviront de cadre, vous pourrez ainsi abaisser à 2 mm ou 3 mm (photo 4, p. 24).

5
FOND DE SUCCÈS

Utilisé dans la confection du Succès, des chocolatines, des noisettines, des colisées.

PRÉPARATION : 15 MN

CUISSON : 80 MN

INGRÉDIENTS POUR 2 FONDS :

DE ⌀ 20 CM (8 PERSONNES)
ET 2 DE ⌀ 15 CM (6 PERSONNES)
OU 40 PETITS FONDS

MASSE 1 :
5 BLANCS D'ŒUFS
20 G DE SUCRE SEMOULE

MASSE 2 :
170 G DE SUCRE SEMOULE
90 G DE SUCRE GLACE
90 G D'AMANDES EN POUDRE
1/2 DÉCILITRE DE LAIT SOIT
4 CUILLERÉES A SOUPE
2 CUILLERÉES A SOUPE DE SUCRE GLACE POUR LE DRESSAGE

MATÉRIEL :
BOL DE 1/2 LITRE
BOL MÉLANGEUR,
FOUET ÉLECTRIQUE
POCHE A DOUILLE ⌀ 2 CM
DOUILLE ⌀ 1 CM
PAPIER SILICONÉ
ET PLAQUE DU FOUR
SPATULE DE BOIS
POUDRETTE

Masse 1 : Montez les blancs en neige *ferme* en ajoutant à mi-parcours le sucre semoule. Si vous utilisez des blancs qui vous restent et que vous ne sachiez plus combien vous en avez mis ensemble, sachez que 5 blancs = 155 g environ.

Sortez vos plaques du four et chauffez-le à 150° (th. 5).

Masse 2 : Dans un bol mélangez le sucre semoule, le sucre glace, les amandes et le lait.

Versez un peu de la *masse 1* dans la *masse 2* et reversez le tout sur la *masse 1*. Mélangez tout de suite à la spatule rapidement sans casser le mélange et sans travailler.

Beurrez et farinez vos 2 plaques du four froides ou mieux collez 2 feuilles de papier siliconé aux quatre coins avec une goutte de mélange.

Dressage : *soit :* Dessinez avec un crayon sur chaque plaque un cercle de ∅ 20 cm et un de ∅ 15 cm espacés les uns des autres. Remplissez-les en spirale à la poche à douille ∅ 2 cm (photo 8, p. 27). Saupoudrez de sucre glace.

Faites cuire pendant 80 mn à 150° les 2 plaques à la fois, en les intercalant à mi-cuisson.

soit : Dessinez sur 2 plaques 40 ronds de ∅ 4 cm pour les petits fonds ou les chocolatines. Remplissez-les en spirale à la poche à douille ∅ 1 cm comme pour les gros fonds pour obtenir des cercles cuits de 6 cm. Pour les colisées et les noisettines vous faites des fonds ovales (photo 9, p. 27). Pour les petits Succès vous dressez avec la poche à douille ∅ 2 cm de grosses boules de ∅ 4 cm. Saupoudrez de sucre glace.

Faites cuire 45 à 50 mn à 150° (th. 4) les deux plaques à la fois en les intercalant à mi-cuisson.

Dans les deux cas, surveillez la coloration, et baissez éventuellement la température car le Succès, comme la meringue, colore vite.

Conservation : Ces fonds se gardent au sec pendant 15 jours dans une boîte hermétique. Ne craignez pas de les préparer à l'avance.

6

GÉNOISE NATURE

Base de beaucoup d'entremets fourrés, mais vous la dégusterez également nature (voir chapitre des gros gâteaux).

PRÉPARATION : 30 MN

CUISSON : 30 MN

INGRÉDIENTS
POUR 2 GÉNOISES DE ∅ 20 CM
(POUR 8 PERSONNES CHACUNE) :

MASSE 1 :
155 G DE SUCRE SEMOULE
5 ŒUFS

MASSE 2 :
155 G DE FARINE
45 G DE BEURRE
1 SACHET DE SUCRE VANILLÉ
30 G DE BEURRE POUR LES MOULES

MATÉRIEL :

BOL ET FOUET ÉLECTRIQUE
2 MOULES A GÉNOISE ∅ 20 CM
PETITE CASSEROLE
SPATULE DE BOIS, PINCEAU
TAMIS

Choisissez les œufs de telle façon que leur volume soit égal à 1/4 litre, 5 œufs peuvent en effet être d'un volume nettement inférieur ou supérieur, ce qui fausserait le rapport des quantités dans cette recette.

Faites chauffer le four à 180° (th. 5).

Masse 1 : Dans un bol au bain-marie, fouettez le sucre et les œufs entiers pour tiédir le mélange pendant 1 mn; puis hors du feu fouettez à grande vitesse pendant 8 mn, et à petite vitesse pendant 15 mn pour refroidir et alléger la masse. Elle doit former ruban sur une spatule.

29

Masse 2 : Clarifiez le beurre dans une petite casserole. Passez la farine au tamis ou dans une passoire très fine. Incorporez délicatement à la spatule la farine tamisée et le sucre vanillé à la *masse 1*, puis le beurre fondu à peine tiède et arrêtez aussitôt le mélange fait. Cette opération doit être menée rapidement et la génoise doit passer au four immédiatement.

Versez dans les moules beurrés et farinés, mettez au four sur la même même plaque et cuisez à 180° (t.h 5) pendant 30 mn.

Démoulez chaud, mais ne coupez la génoise que lorsqu'elle est froide au moment de la garnir.

Conservation : La génoise se conserve 8 jours au frais bien emballée dans une feuille d'aluminium ou un film plastique. L'idéal est la conservation en cave humide.

Congélation : Elle se conserve un mois dans le même emballage. Sortez-la 24 h à l'avance pour qu'elle se reprenne au réfrigérateur avant de l'utiliser.

Conseil : Ne chauffez pas trop le mélange sucre-œufs au bain-marie, sinon la génoise séchera trop vite.

7

MERINGUE FRANÇAISE

Pour les meringues Chantilly, les têtes de nègre, la meringue d'automne, les doigts de fée.

PRÉPARATION : 15 MN

CUISSON : 75 MN

INGRÉDIENTS
POUR 1 GATEAU DE 8 PERSONNES
ET 20 COQUES INDIVIDUELLES :

5 BLANCS D'ŒUFS
20 G DE SUCRE SEMOULE
125 G DE SUCRE GLACE MÉLANGÉS
A 125 G DE SUCRE SEMOULE

MATÉRIEL :

POCHE A DOUILLE ⌀ 2 CM
PLAQUE DU FOUR
PAPIER SILICONÉ
BOL ET FOUET ÉLECTRIQUE

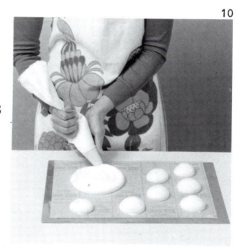

10

Si vous utilisez des blancs qui vous restent et que vous ne sachiez plus combien vous en avez mis ensemble, comptez que 5 blancs = 155 g environ.

Chauffez le four à 150° (th. 4).

Montez les blancs en neige très ferme, ajoutez à mi-parcours 20 g de sucre semoule. Mélangez les sucres glace et semoule, incorporez-les quand les blancs sont montés, environ après 5 mn. Ce mélange n'attend pas.

Dressez-le à la poche à douille ⌀ 2 cm sur plaque beurrée et farinée ou mieux recouverte d'un papier siliconé collé aux quatre coins avec un peu de mélange en formant 3 cercles ⌀ 18 cm pour la meringue d'automne et 20 coques ovales de 3,5 cm sur 7 cm pour les meringues (photo 10, p. 31) ou 20 ronds de ⌀ 5 cm pour les têtes de nègre.

On peut faire cuire en enfournant en même temps les deux plaques. Cuire pendant 75 mn à 150° en surveillant attentivement la couleur. Les meringues deviennent blond très clair, le dessous doit être sec comme le dessus si vous voulez les conserver dans de bonnes conditions.

Conservation : Les coques et les fonds se gardent 3 semaines dans une boîte de métal ou un bol hermétique au sec.

8
MERINGUE SUISSE

Pour faire de petits sujets, bonhommes de neige, champignons, doigts de fée.

PRÉPARATION : 15 MN

CUISSON : 45 MN

INGRÉDIENTS :

4 BLANCS D'ŒUFS
250 G DE SUCRE GLACE OU SEMOULE
ÉVENTUELLEMENT CACAO EN POUDRE

MATÉRIEL :

PLAQUE DU FOUR
POCHE A DOUILLE ⌀ 0,6 CM
CUL-DE-POULE DE 1 LITRE
PAPIER SILICONÉ, FOUET ÉLECTRIQUE

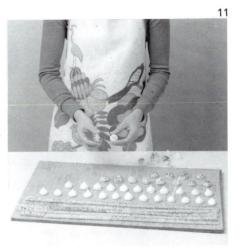

11

Chauffez le four à 130° (th. 3).
Fouettez les blancs et le sucre dans un cul-de-poule au bain-marie jusqu'à 50° (soit chaud). Hors du feu, continuez à fouetter à grande vitesse pendant 10 mn puis à petite vitesse pendant dix autres minutes pour raffermir et refroidir la masse.
Dressez, à la poche à douille ⌀ 0,6 cm sur plaque beurrée et farinée ou mieux recouverte d'un papier siliconé collé aux quatre coins avec un peu de mélange, de longues bandes, des pieds et des têtes de champignons que vous saupoudrez facultativement avec un peu de cacao amer en poudre.
Vous pouvez également préparer de la meringue au chocolat en incorporant 120 g de chocolat en poudre à l'appareil pendant que vous le fouettez à grande vitesse.
Faites cuire 45 à 50 mn en maintenant le four entrouvert à l'aide d'une cuiller. Goûtez un sujet, il doit être sec extérieurement et moelleux intérieurement. Après cuisson, joignez les pieds et les têtes des champignons par simple pression et coupez les bandes en tronçons de 1 cm pour les doigts de fée et de 4 cm pour faire des petits fours secs tout simplement (photo 11, p. 33) (voir recette 72).

Conservation : Se conserve 3 semaines au sec.

9
PATE A BRIOCHE SURFINE

A faire la veille du jour où l'on veut confectionner une brioche (peut se congeler). Un bol pétrisseur vous sera de grande utilité, mais vous pouvez la réussir à la main.

PRÉPARATION : 30 MN

TEMPS DE REPOS : 12 H

INGRÉDIENTS POUR 1,200 KG DE PATE (500 G DE PATE DONNENT 16 PETITES BRIOCHES ; 360 G DONNENT UNE BRIOCHE DE 6 PERSONNES) :

MASSE 1 :
15 G DE LEVURE DE BOULANGER
500 G DE FARINE EXTRA
15 G DE SEL
30 G DE SUCRE SEMOULE
2 CUILLERÉES A SOUPE DE LAIT
6 ŒUFS

MASSE 2 :
350 G DE BEURRE FIN

MATÉRIEL :
BOL PÉTRISSEUR ÉLECTRIQUE (FACULTATIF)
BOL DE 3 LITRES
CORNE DE PLASTIQUE
2 PETITS BOLS

12

13

On peut utiliser jusqu'à la moitié de beurre salé ; dans ce cas, diminuez d'autant la quantité du sel dans la *masse 1*. Vous pouvez aussi diminuer le beurre mais la qualité en souffrira.
Sortez le beurre du réfrigérateur 1 h à l'avance.
Émiettez la levure dans un bol avec une cuillerée d'eau tiède.
Dans un autre bol, délayez le sel et le sucre dans le lait froid. Ne mettez jamais en contact la levure avec le sel et le sucre.

SI VOUS AVEZ UN BOL PÉTRISSEUR ÉLECTRIQUE

Dans le bol pétrisseur, mettez le sel et le sucre délayés, puis la farine enfin la levure. Pétrissez à petite vitesse, et ajoutez en une fois quatre œufs entiers. Continuez à pétrir, la pâte devient alors rapidement ferme, homogène et lisse; ajoutez les autres œufs un par un. Continuez à pétrir à vitesse moyenne pendant 15 mn environ, la pâte devient souple et s'étire facilement entre les doigts, sans casser.

Pendant que le pétrissage se fait, aplatissez les 350 g de beurre entre deux feuilles de plastique en le tapant avec un rouleau, il doit être assez mou. Quand la pâte est souple, repassez à petite vitesse et incorporez vivement (2 mn) le beurre par morceaux de la taille d'un œuf.

SI VOUS N'AVEZ PAS DE BOL PÉTRISSEUR

Préparez soigneusement tous les ingrédients devant vous.

Faites une fontaine dans la farine, incorporez la levure délayée. Avec les doigts mélangez-la bien, incorporez trois œufs entiers (photo 12, p. 34), puis le sel et le sucre puis le quatrième œuf et travaillez toute la farine petit à petit pendant 15 mn en la soufflant. Incorporez les deux derniers œufs l'un après l'autre. Continuez à pétrir la pâte. Elle doit devenir très élastique et s'étirer facilement.

Incorporez au beurre préalablement tapé entre les feuilles de plastique 1/3 de la pâte et ajoutez le reste de la pâte en deux fois en travaillant avec la corne de plastique (photo 13, p. 34).

Le pétrissage étant terminé, mettez la pâte dans un bol de 3 litres pour la pousse, couvrez d'un linge. Laissez reposer pendant 1 h 30 mn environ à température ambiante. Quand la pâte a rempli le bol, la pousse est terminée. Rompez alors la pâte à la main en 2 fois (photo 14, p. 35). Laissez pousser à nouveau au réfrigérateur, la pâte bien faite doit former la boule. 2 à 3 h plus tard recommencez à rompre la pâte. Puis laissez la nuit au frais.

14

Le lendemain, démoulez la pâte sur un plan de travail fariné et rabattez-la à la main pour la rendre bien homogène, puis moulez-la en forme.

Congélation : Emballez bien hermétiquement en 3 portions et vous congelez un mois maximum.

Laissez reprendre 24 h au réfrigérateur avant l'utilisation.

Autrefois on se servait du levain fait avec 1/4 de farine et la levure mouillée, ce qui permettait à la pâte de lever en hiver quand le chauffage était insuffisant.

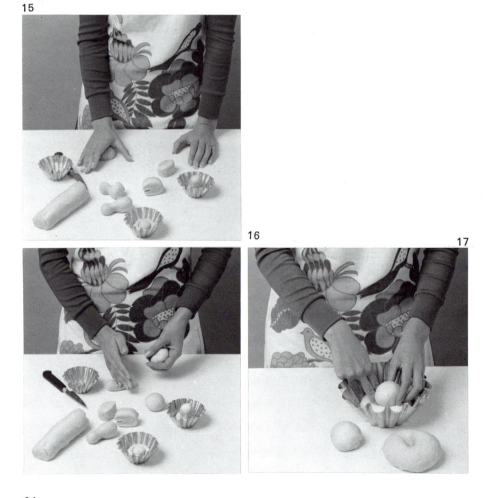

10
PATE BRISÉE

Pour foncer les tartes, pour préparer les amandines et les clafoutis. Elle ne doit pas être travaillée. Je vous conseille de la faire la veille.

PRÉPARATION : 15 MN

TEMPS DE REPOS : 1 H MINIMUM

CUISSON : 15 A 25 MN

INGRÉDIENTS
POUR 950 G DE PATE
(SOIT 3 TARTES DE 8 PERSONNES
OU 30 TARTELETTES ENVIRON) :

500 G DE FARINE EXTRA
20 G DE SUCRE SEMOULE
15 G DE SEL
350 A 400 G DE BEURRE
2 ŒUFS
2 A 3 CUILLERÉES A SOUPE DE LAIT

MATÉRIEL :

BOL PÉTRISSEUR
PAPIER, LENTILLES POUR LE MOULE
ROULEAU OU CERCLE MÉTALLIQUE
PLAQUE DU FOUR

18

19

On peut utiliser jusqu'à la moitié de beurre salé, dans ce cas diminuez de moitié la quantité de sel donnée dans les ingrédients.

SI VOUS AVEZ UN BOL PÉTRISSEUR ÉLECTRIQUE

Malaxez dans le bol le sucre et le sel avec le beurre ajouté par morceaux.
Incorporez ensuite les deux œufs et le lait, mélangez quelques secondes et ajoutez la farine en une fois.
Travaillez le moins longtemps possible. Cette pâte ne doit pas être élastique, mais il n'y a pas d'inconvénient à ce qu'il reste des petits morceaux de beurre.

SI VOUS N'AVEZ PAS DE BOL PÉTRISSEUR

Préparez devant vous les ingrédients.

Faites une fontaine dans la farine, incorporez le sucre et le sel sur le bord de la farine, puis au centre le beurre et les œufs que vous évitez de mettre en contact direct avec le sel qui les brûlerait. Pétrissez le tout (photo 18, p. 37).

Travaillez le moins longtemps possible et finissez en fraisant la pâte en la poussant sous la paume de la main. En cours de fraisage, ajoutez le lait. Rassemblez la pâte, formez une boule (photo 19 p. 37).

Lorsque la pâte est prête, emballez-la et laissez-la reposer 1 h ou mieux une nuit au froid, elle sera meilleure et plus facile à abaisser le lendemain. Abaissez la quantité désirée sur un plan de travail propre et légèrement fariné; foncez le moule ou le cercle métallique sur la plaque du four (photo 20, p. 38), soit à ras bords, soit en laissant déborder un peu de pâte autour. Dans ce cas chiquetez le bord en biais avec le dos d'un couteau (photo 21, p. 38). Laissez reposer 1 h au frais.

Cuisson : Si le fond de tarte cuit seul, piquez toute la surface avec une fourchette à dents fines, et garnissez avec le rond de papier blanc frangé débordant du moule que vous remplissez de lentilles, elle cuira ainsi sans gonfler.

Enlevez papier et lentilles après cuisson.

Pour la cuisson regardez à chaque recette le temps nécessaire.

On ne pique jamais les fonds de tarte contenant des fruits frais car leur jus ramollirait trop la pâte.

Conservation : 8 jours bien emballée au réfrigérateur. Les moules peuvent être foncés 24 h à l'avance, ils attendront au frais avant d'être garnis.

Conseil : Pour éviter d'avoir une pâte élastique, commencez par fraiser la farine avec la moitié de la quantité de beurre pour obtenir une pâte grossièrement sablée, puis continuez la recette normalement.

11
PATE A CHOUX

Ne vous fatiguez pas à la travailler longtemps sinon vos choux seront déformés.

PRÉPARATION : 15 MN

CUISSON :
30 MN ENVIRON PAR PLAQUE

INGRÉDIENTS POUR 800 G DE PATE
(POUR 10 ÉCLAIRS IL EN FAUT 250 G) :

1/4 LITRE DE MÉLANGE LAIT + EAU
(PAR MOITIÉS)
110 G DE BEURRE
5 G DE SEL
(SOIT 2 PETITES CUILLERÉES A CAFÉ)
5 G DE SUCRE
(SOIT 2 PETITES CUILLERÉES A CAFÉ)
140 G DE FARINE
5 ŒUFS
20 G DE SUCRE GLACE

MATÉRIEL :

CASSEROLE
A FOND ÉPAIS DE 2 LITRES
SPATULE DE BOIS
FOUET
POCHE A DOUILLE ⌀ 1,5 CM
OU ⌀ 1 CM
PINCEAU, POUDRETTE,
CUL-DE-POULE

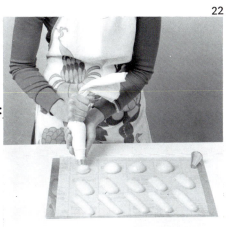

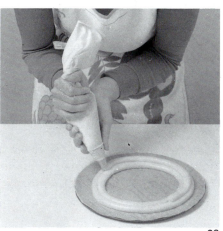

Chauffez le four à 220° (th. 7).
Choisissez les œufs de telle façon que leur volume soit égal à 1/4 de litre, 5 œufs peuvent en effet être d'un volume nettement inférieur ou supérieur, ce qui fausserait le rapport des quantités dans cette recette.
Mettez dans une casserole le mélange eau et lait, le sel, le sucre et le beurre.

Chauffez doucement ; dès le début de l'ébullition, ôtez du feu, ajoutez la farine. Desséchez la pâte pendant 1 mn en remettant sur le feu en tournant à la spatule.

Transvasez dans un cul-de-poule chaud, incorporez 2 œufs entiers en fouettant quelques secondes, puis 2 autres œufs très rapidement, puis le dernier œuf. Arrêtez de fouetter dès que la pâte est homogène.

Sur les plaques du four, ou mieux sur deux feuilles de papier siliconé collées par une noisette de pâte aux quatre coins, dressez à la poche à douille des choux ronds ∅ 4 cm. Si vous avez déjà l'expérience du dressage, vous pouvez aussi former des éclairs longs ou des salambos ovales de 3 × 7 cm ou un Paris-Brest (photos 22 et 23 p. 39). Saupoudrez légèrement de sucre glace. La forme des pièces sera plus régulière après cuisson.

Pour que la pâte à choux ne craque pas, cuisez-la dès qu'elle est prête. Cuisez à 220º (th. 7) pendant 15 mn puis à 200º (th. 6) pendant 15 mn encore, en maintenant le four entrouvert avec une cuiller. Les pièces doivent rester moelleuses ; surveillez de près la cuisson, la pâte à choux sèche n'est pas bonne. Les petits fours cuisent plus vite que les gâteaux individuels ou qu'un Paris-Brest ou un Saint-Honoré.

Conservation : Vous conserverez la pâte à choux cuite dans des sacs de plastique une semaine au réfrigérateur sans la tasser, un mois au congélateur. Dans ce cas, laissez-la reprendre pendant 24 h au réfrigérateur avant de l'utiliser.

Conseil : Je vous conseille de préparer et de cuire les 800 g de pâte à la fois puisqu'elle se conserve bien.

12
PATE SABLÉE SUCRÉE

Très friable, délicate, sert pour les tartes et tartelettes. On peut en faire des sablés. Je vous conseille de la préparer la veille.

PRÉPARATION : 15 MN

TEMPS DE REPOS : 1 H MINIMUM

CUISSON : 15 A 25 MN

INGRÉDIENTS POUR 1,200 KG DE PATE :

500 G DE FARINE EXTRA
350 G DE BEURRE NORMAND
125 G DE SUCRE GLACE OU SEMOULE
2 ŒUFS
1 PINCÉE DE SEL
1 SACHET DE SUCRE VANILLÉ
125 G D'AMANDES EN POUDRE
(FACULTATIF)

MATÉRIEL :

ROULEAU
BOL PÉTRISSEUR OU CORNE PLASTIQUE
2 FEUILLES DE PLASTIQUE
PAPIER D'ALUMINIUM
PAPIER ET LENTILLES

Rendez le beurre homogène en le tapant entre 2 feuilles de plastique.

DANS LE BOL PÉTRISSEUR

Mélangez le beurre détaillé en morceaux, le sucre et le sucre vanillé, le sel, la farine et les amandes en poudre. Si vous le désirez, afin d'obtenir un mélange grossièrement sablé, ajoutez les œufs.
Rassemblez la pâte. Ce mélange doit se faire très rapidement.
La pâte ne doit pas être travaillée. Laissez-la reposer si possible 24 h au réfrigérateur. Débitez-la en pâtons de 300 g.

SI VOUS N'AVEZ PAS DE BOL PÉTRISSEUR

Vous effectuez le mélange à l'aide de la corne de plastique en suivant la technique exposée pour la pâte brisée : fontaine, fraisage... (voir explications et photos pp. 37 et 38). Même fonçage et même cuisson que pour la pâte brisée.

Conservation : 15 jours au frais dans du papier d'aluminium.

Congélation : Deux mois. Dans ce cas, laissez-la reprendre 24 h au frais avant de l'abaisser.

CHAPITRE II

CRÈMES ET SIROPS
RECETTES DE BASE

RECETTES : 13 CHANTILLY NATURE VANILLÉE

14 CHANTILLY AU CHOCOLAT

15 COULIS DE FRUITS FRAIS

16 CARAMEL LIQUIDE

17 CRÈME D'AMANDES

18 PATE D'AMANDES A FAIRE CHEZ SOI

19 CRÈME CHIBOUST

20 CRÈME AU BEURRE NATURE

21 CRÈME AU BEURRE AU CAFÉ

22 CRÈME AU BEURRE AU CHOCOLAT

23 CRÈME AU BEURRE PRALINÉE

24 CRÈME PATISSIÈRE VANILLÉE

25 CRÈME PATISSIÈRE AU CAFÉ

26 CRÈME PATISSIÈRE AU CHOCOLAT

RECETTES :   27 GLAÇAGE AU CHOCOLAT
             28 GLAÇAGE AU FONDANT
             29 SIROP A ENTREMETS
             30 MOUSSE AU CHOCOLAT
             31 SAUCE AU CHOCOLAT
             32 SAUCE A LA VANILLE
             33 APPAREIL A BAVAROIS
             34 APPAREIL A CHARLOTTE
             35 APPAREIL A SOUFFLÉ
             36 DÉCOR EN PATE D'AMANDES

13

CHANTILLY NATURE VANILLÉE

Mélangée à d'autres crèmes, elle les rend plus légères. Peut se parfumer au chocolat. Pour éviter qu'elle ne tourne en beurre, ne fouettez pas trop longtemps.

PRÉPARATION : 10 MN

INGRÉDIENTS :

OU BIEN :
450 G DE CRÈME FRAICHE TRÈS FROIDE
1 DÉCILITRE DE LAIT FROID
30 G DE SUCRE SEMOULE
1 SACHET DE SUCRE VANILLÉ
50 G DE GLACE PILÉE AU MIXER
RAPIDEMENT

OU BIEN :
500 G DE CRÈME FLEURETTE TRÈS FROIDE
PLUS DIFFICILE A TROUVER
DANS LE COMMERCE
1 SACHET DE SUCRE VANILLÉ
NE NÉCESSITE DANS CE CAS
NI GLACE PILÉE NI LAIT FROID

MATÉRIEL :
FOUET ÉLECTRIQUE
BOL 1 LITRE 1/2
POCHE A DOUILLE CANNELÉE
OU PALETTE

Dans le bol bien froid, incorporez la crème fraîche au lait, au sucre et à la glace et battez à vitesse moyenne pendant 1 mn puis à grande vitesse pour faire développer la crème. Dès qu'elle épaissit (environ en 8 mn), arrêtez et réservez au froid. Dressez rapidement avec une poche à douille en décor, ou incorporez à la crème que vous voulez alléger.

Conservation : 24 h au frais dans un bol hermétique.

Conseil : Les ingrédients au départ doivent être très froids, sinon la Chantilly se transforme en beurre. A défaut de glace pilée, utilisez de l'eau minérale très froide.

14
CHANTILLY AU CHOCOLAT

PRÉPARATION : 15 MN

INGRÉDIENTS :

200 G DE CHOCOLAT A CROQUER FONDU
450 G DE CRÈME FRAICHE
1 DÉCILITRE DE LAIT FROID
1 SACHET DE SUCRE VANILLÉ
50 G DE GLACE PILÉE AU MIXER
RAPIDEMENT

MATÉRIEL :

BAIN-MARIE
FOUET ÉLECTRIQUE
BOL DE 1 LITRE 1/2
SPATULE DE BOIS

Suivez la recette de la Chantilly nature.
Faites fondre le chocolat au bain-marie; laissez-le tiédir à 25° maximum.
Quand la Chantilly est montée, incorporez-en 1/3 vivement au fouet dans le chocolat puis versez rapidement le tout dans le reste de Chantilly délicatement en mélangeant à la spatule le moins longtemps possible, sinon votre mélange retombe.

Conseil : Les ingrédients au départ doivent être très froids, sinon la Chantilly se transforme en beurre.

15

COULIS DE FRUITS FRAIS

Pour accompagner une brioche, une génoise, une charlotte, un pudding, un bavarois.

PRÉPARATION : 10 MN

INGRÉDIENTS :

1 KG DE FRUITS FRAIS
600 G DE SUCRE SEMOULE

MATÉRIEL :

MIXER
BOL HERMÉTIQUE

Passez au mixer le sucre et les fruits lavés, pelés, dénoyautés pendant 2 mn.

Conservation : Au réfrigérateur dans un bol hermétique 8 jours maximum.

Congélation : Le coulis peut être congelé. Le fouetter pendant la décongélation pour rendre la masse homogène.

Hors saison, vous utiliserez des fruits au sirop plus ou moins égouttés, mixés directement sans sucre, ou des fruits surgelés.

16
CARAMEL LIQUIDE

Pour napper une crème à la vanille, une glace ou une charlotte.

PRÉPARATION : 15 MN

INGRÉDIENTS
POUR NAPPER UN DESSERT DE 8 PERSONNES :

200 G DE SUCRE SEMOULE
JUS DE CITRON
4 CUILLERÉES A SOUPE D'EAU

MATÉRIEL :

CASSEROLE DE 1/2 LITRE A FOND ÉPAIS
SI POSSIBLE
SPATULE, VERRE, PINCEAU

Versez le sucre dans la casserole puis l'eau, faites-le bien fondre en chauffant et en tournant avec la spatule. Évitez de déposer du sucre sur les parois.

Ajoutez environ 10 gouttes de jus de citron. Dès que le sucre bout à gros bouillons, ne plus remuer avec la spatule pour éviter qu'il ne masse. Le feu ne doit pas être fort ni dépasser de la casserole, pour ne pas brûler le sucre en cours de cuisson. Nettoyez éventuellement les parois qui bruniraient avec un pinceau mouillé et, quand la coloration commence, remuez la casserole pour que la couleur soit répartie, sans utiliser la spatule.

Préparez 4 cuillerées d'eau dans un verre, versez-la dans la casserole en deux fois quand la coloration est obtenue. Il y a des projections de sucre, veillez à éloigner vos mains quelques secondes. Remuez avec la spatule pour voir si tout est bien fondu, le mélange doit être très liquide sinon il durcirait trop en refroidissant.

Conservation : Un mois, dans un bol hermétiquement fermé, au frais.

17
CRÈME D'AMANDES

Mariage heureux d'amandes et de crème pâtissière. Elle est utilisée comme garniture des tartes, des brioches, etc. La base aux amandes peut être préparée huit jours à l'avance.

PRÉPARATION : 15 MN
SANS COMPTER
LE TEMPS DE PRÉPARATION
DE LA CRÈME PATISSIÈRE

INGRÉDIENTS
POUR GARNIR 2 GATEAUX DE 8 PERSONNES
OU 16 PETITES TARTELETTES :

250 G DE BEURRE
250 G D'AMANDES EN POUDRE
250 G DE SUCRE GLACE
3 ŒUFS ENTIERS
25 G DE MAIZENA
25 G DE RHUM
SOIT 2 CUILLERÉES A SOUPE
375 G DE CRÈME PATISSIÈRE
(VOIR RECETTE 24)

MATÉRIEL :

BOL ET PALE ÉLECTRIQUE

Faites d'abord la crème pâtissière si vous préparez tous les éléments le jour même. Puis pétrissez le beurre dans le bol pour qu'il se transforme en pommade. Ajoutez les amandes en poudre, le sucre glace, puis les œufs un par un toutes les 30 s. Continuez à pétrir à vitesse moyenne jusqu'à obtention d'une masse homogène et légère, ajoutez en dernier la Maïzena et le rhum (ce mélange peut être fait 8 jours à l'avance et gardé au frais dans un bol hermétique).

Mélangez les deux éléments en incorporant la crème pâtissière froide cuillerée par cuillerée.

18

PATE D'AMANDES A FAIRE CHEZ SOI

Elle remplace la pâte d'amandes crue que vous ne trouverez pas dans le commerce et entre dans la préparation des pains de Gênes, colombiers, friands, financiers, Val-d'Isère.

PRÉPARATION : 5 MN

INGRÉDIENTS :

250 G D'AMANDES EN POUDRE
250 G DE SUCRE GLACE
(CE MÉLANGE EST APPELÉ
TANT-POUR-TANT PAR LES PATISSIERS)
2 PETITS BLANCS D'ŒUFS

MATÉRIEL :

SPATULE DE BOIS
BOL DE 1 LITRE OU CUL-DE-POULE

Mélanger intimement à la spatule les amandes en poudre et le sucre glace. Ajoutez les blancs d'œufs et travaillez le tout pour obtenir une pâte lisse.

Conservation : Dans une boîte hermétique une semaine au réfrigérateur.
Si vous avez un reste qui risque de s'abîmer, fourrez des dattes ou pruneaux ou bigarreaux confits.

19
CRÈME CHIBOUST

C'est une crème pâtissière allégée aux blancs d'œufs montés et au sucre cuit. Sa préparation étant délicate, prenez soin de réunir devant vous tous les ingrédients nécessaires.

PRÉPARATION : 30 MN

INGRÉDIENTS :

MASSE 1 :
CRÈME PATISSIÈRE (RECETTE 24)
FAITE AVEC :
1/4 DE LITRE DE LAIT
1/2 GOUSSE DE VANILLE
3 JAUNES D'ŒUFS
35 G DE SUCRE SEMOULE
20 G DE MAIZENA

MASSE 2 :
4 BLANCS D'ŒUFS
70 G DE SUCRE SEMOULE

MATÉRIEL :

POCHE A DOUILLE ∅ 2 CM
PETITE CASSEROLE
FOUET ÉLECTRIQUE
PLAT
BOL DE 1/2 LITRE
THERMOMÈTRE A SUCRE (FACULTATIF)

Préparez la crème pâtissière qui est moins sucrée que la recette classique et que vous gardez bien chaude couverte pour ne pas qu'elle forme une croûte.

Attention : Les deux opérations qui suivent doivent être faites absolument simultanément :
Faites chauffer dans la petite casserole, le sucre dans 2 cuillerées à soupe d'eau. Dès l'ébullition du mélange eau-sucre, commencez

à monter dans un bol les blancs d'œufs fermes en les soutenant à mi-parcours avec une cuillerée à café de sucre, ce qui dure environ 5 mn. A ce moment-là, la cuisson du sucre au boulé (120º) est terminée (une goutte de ce sucre prise avec une cuiller et que l'on fait tomber dans un bol d'eau froide doit former une boule).

Versez immédiatement le sucre cuit sur les blancs fermes en continuant à fouetter et en faisant couler le sucre entre la paroi du bol et le fouet. Arrêtez dès que le sucre est mélangé aux blancs.

Versez la crème pâtissière bouillante sur cette *masse 2*. Faites ce mélange en un minimum de temps. Versez le tout sur un plat assez large pour éviter qu'il ne devienne graniteux.

Garnissez immédiatement le Saint-Honoré, le Paris-Brest ou les choux individuels avec une poche à douille ⌀ 2 cm, si possible cannelée.

Conservation : Cette crème doit être consommée dans les 24 h. Vous garderez les gâteaux garnis au réfrigérateur.

20

CRÈME AU BEURRE NATURE

Se parfume au chocolat, au café, à tous les bons alcools de votre cave.

PRÉPARATION : 15 MN

REFROIDISSEMENT : 15 MN

INGRÉDIENTS :

200 G DE SUCRE CUIT AU BOULÉ
(120°) DANS 8 CL D'EAU
8 JAUNES D'ŒUFS
250 G DE BEURRE SORTI 1/2 HEURE
A L'AVANCE
FACULTATIF : MERINGUE FRANÇAISE
FAITE AVEC 100 G DE MÉLANGE SUCRE GLACE/SUCRE SEMOULE
ET 3 BLANCS D'ŒUFS
(RECETTE 7)

MATÉRIEL :

PETITE CASSEROLE A FOND ÉPAIS
BOL HERMÉTIQUE
BOL ET FOUET

Dans la petite casserole, cuisez le sucre dans l'eau jusqu'au boulé (120°). (Prélevez-en une goutte avec une cuiller, laissez-la tomber dans un bol d'eau froide, elle forme une boule.) Cette cuisson dure environ 10 mn.
Pendant ce temps, fouettez les jaunes dans le bol à vitesse moyenne; quand le sucre est cuit, versez-le sur les jaunes très rapidement en 2 mn, sans arrêter de fouetter, en évitant de toucher les parois.
Laissez refroidir en fouettant à vitesse moyenne pendant 10 mn. Quand le mélange est presque froid, incorporez le beurre en morceaux et continuez à fouetter à petite vitesse pendant 5 mn environ, terminez en incorporant le parfum. Si vous voulez alléger ce mélange, incorporez la meringue française.

Conservation : 8 jours au réfrigérateur dans un bol fermé. Au moment de l'utilisation, sortez-la du réfrigérateur une heure à l'avance, et travaillez-la à la spatule pour la rendre homogène et y incorporer éventuellement le parfum nécessaire.

21

CRÈME AU BEURRE AU CAFÉ

Incorporez à la crème au beurre nature 2 cuillerées à soupe de café soluble délayé dans 1 cuillerée à soupe d'eau chaude, ou 1 cuillerée à soupe d'extrait de café.

22

CRÈME AU BEURRE AU CHOCOLAT

Incorporez à la crème au beurre nature 160 g de chocolat à croquer fondu.

23

CRÈME AU BEURRE PRALINÉE

Incorporez à la crème au beurre nature 100 g de praliné en poudre.

Conseil : Si vous n'utilisez pas toute votre crème au beurre, parfumez la quantité nécessaire à l'emploi immédiat, et conservez le reste neutre au frais.
Au moment d'utiliser le reste, faites le ramollir et incorporerez-y le parfum.

24
CRÈME PATISSIÈRE VANILLÉE

Cettre crème entre dans la préparation des millefeuilles, des crêpes Suzette, de la crème d'amandes... et est utilisée comme garniture dans de très nombreuses recettes.

PRÉPARATION ET CUISSON : 20 MN

INGRÉDIENTS
POUR 900 G DE CRÈME :

1/2 LITRE DE LAIT
1/2 GOUSSE DE VANILLE
6 JAUNES D'ŒUFS
150 G DE SUCRE SEMOULE
40 G DE MAIZENA OU 40 G
DE FARINE EXTRA

MATÉRIEL :

CASSEROLE DE 2 LITRES
FOUET A MAIN ET FOUET ÉLECTRIQUE
GRAND BOL DE 2 LITRES
CUL-DE-POULE DE 1 LITRE 1/2
SPATULE DE BOIS

Faites bouillir le lait avec la gousse de vanille fendue dans la longueur dans une casserole de 2 litres.

Dans un grand bol de 2 litres, fouettez vivement les jaunes d'œufs et le sucre jusqu'à ce que le mélange blanchisse. Ajoutez la Maïzena ou la farine sans la travailler.

Versez le lait bouillant sur le mélange en fouettant doucement et remettez le tout sur le feu. Laissez bouillir la crème une minute en la fouettant vigoureusement contre le fond de la casserole pour ne pas la laisser attacher.

Versez la crème dans un cul-de-poule et frottez-en la surface avec un peu de beurre, cela évite la formation d'une croûte.

25
CRÈME PATISSIÈRE AU CAFÉ

INGRÉDIENT SUPPLÉMENTAIRE :

2 CUILLERÉES A SOUPE DE CAFÉ LYOPHILISÉ
OU 4 CUILLERÉES A CAFÉ D'EXTRAIT
DE CAFÉ, SELON LE GOUT DE CHACUN

Incorporez à la crème pâtissière nature le café avec la spatule de bois dans la crème cuite et chaude, en une fois.

26
CRÈME PATISSIÈRE AU CHOCOLAT

INGRÉDIENT SUPPLÉMENTAIRE :

160 G DE CHOCOLAT A CROQUER

Incorporez à la crème pâtissière nature cuite et bouillante le chocolat coupé en morceaux. Mélangez de temps en temps à la spatule de bois jusqu'à ce qu'il soit fondu.

Conservation : 2 jours maximum au froid dans un récipient hermétiquement fermé.

27
GLAÇAGE AU CHOCOLAT

Ce glaçage fait à la maison peut remplacer le fondant au chocolat, il est brillant mais mou : n'y mettez pas les doigts!

PRÉPARATION : 10 MN

INGRÉDIENTS
POUR UN ENTREMETS
DE 8 PERSONNES :

100 G DE CHOCOLAT A CROQUER
40 G DE BEURRE
3 CUILLERÉES A SOUPE D'EAU
80 G DE SUCRE GLACE

MATÉRIEL :

SPATULE
PETIT CUL-DE-POULE
PALETTE INOX, GRILLE
PETIT TAMIS, CASSEROLE

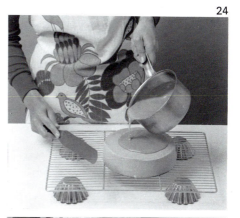

24

25

Passez le sucre glace au tamis.
Chauffez le chocolat au bain-marie en tournant avec la spatule. Incorporez le sucre glace, puis le beurre en dés.
Faites fondre en remuant, retirez du feu, ajoutez une par une les cuillerées d'eau qui refroidissent le mélange.
Il doit être à peine tiède au moment de l'étaler sur l'entremets; trop chaud, il coulerait, trop froid il ne couvrirait pas les bords.
Posez l'entremets sur un support plus petit ou une grille pour en dégager les bords. Nappez de glaçage à l'aide d'une palette (photos 24 et 25, p. 57).

28

GLAÇAGE AU FONDANT

PRÉPARATION : 10 MN

INGRÉDIENTS

POUR UN ENTREMETS DE 8 PERSONNES :
350 G DE FONDANT NEUTRE POUR
1 DL A 1 DL 1/2 DE SIROP A ENTREMETS
(VOIR RECETTE 29)
3 A 4 GOUTTES DE COLORANT :
EXTRAIT DE CAFÉ, CARMIN, JAUNE D'ŒUF,
JAUNE CITRON, VERT.
(Ces colorants peuvent se trouver
dans le commerce ou en nous les
commandant directement).

MATÉRIEL :

CUL-DE-POULE
CASSEROLE, PALETTE INOX
SPATULE DE BOIS, GRILLE

Faites fondre le fondant au bain-marie (30 à 35°), ramollisez-le avec le sirop à entremets froid. Il vous faudra plus ou moins de sirop selon que le fondant sera plus ou moins dur. Incorporez ce sirop petit à petit, puis ensuite le colorant goutte à goutte, en faisant attention de ne pas trop colorer.

Nappez l'entremets comme il est dit pour le glaçage au chocolat. A défaut d'extrait de café, vous pouvez délayer une grosse cuillerée à soupe de café soluble dans un peu d'eau.

29

SIROP A ENTREMETS

INGRÉDIENTS
POUR 2 DL 1/2 DE SIROP :

135 G DE SUCRE SEMOULE
1 DL 1/2 D'EAU

PARFUM :

1/2 DL (4 CUILLERÉES A SOUPE)
D'ALCOOL CHOISI (KIRSCH, RHUM VIEUX,
GRAND MARNIER) OU 2 DL D'EAU
ET 1 CUILLERÉE A CAFÉ DE VANILLE
EN POUDRE OU D'EXTRAIT DE CAFÉ

MATÉRIEL :

CASSEROLE DE 1/2 LITRE
SPATULE

Faites bouillir l'eau et le sucre, laissez refroidir. Incorporez l'alcool choisi ou la vanille ou l'extrait de café.

Ce sirop est en général utilisé tiède ou froid.

Conservation : Plusieurs semaines au froid dans un bol hermétique.

30

MOUSSE AU CHOCOLAT

Servie en dessert, tout simplement ou dans une charlotte (voir recette 156).

PRÉPARATION : 15 MN

INGRÉDIENTS POUR 6 PERSONNES :

3 BLANCS D'ŒUFS ET 20 G DE SUCRE
125 G DE CHOCOLAT A CROQUER
2 JAUNES D'ŒUFS
75 G DE BEURRE
50 G DE SUCRE GLACE

MATÉRIEL :

1 BOL ET FOUET ÉLECTRIQUE
1 CUL-DE-POULE
CASSEROLE
1 POCHE A DOUILLE CANNELÉE
ÉPLUCHE-LÉGUMES (FACULTATIF)

Faites fondre le chocolat au bain-marie, puis, hors du feu, ajoutez le beurre en fouettant : le mélange doit être en pommade.

Incorporez alors les jaunes d'œufs; ce mélange ne doit pas être tiède, il serait alors trop liquide pour être mélangé aux blancs.

Montez les blancs en neige ferme, en ajoutant 20 g de sucre à mi-parcours. Versez l'appareil sur les blancs montés et mélangez délicatement.

La mousse se sert soit dans des ramequins individuels soit dans un plat creux. Décorez la surface de copeaux de chocolat râpé avec un épluche-légumes et saupoudrez de sucre glace, ou bien faites un décor avec une partie de la mousse dressée à l'aide d'une douille cannelée. Dans tous les cas, servez-la bien froide, accompagnée de tranches de brioche ou de petits fours secs.

31
SAUCE AU CHOCOLAT

PRÉPARATION : 15 MN

INGRÉDIENTS :

1 DL DE LAIT
1 CUILLERÉE A SOUPE DE CRÈME FRAICHE
25 G DE SUCRE SEMOULE
15 G DE BEURRE
100 G DE CHOCOLAT

MATÉRIEL :

CUL-DE-POULE
CASSEROLE
SPATULE DE BOIS

D'une part, faites fondre le chocolat au bain-marie.

D'autre part, faites bouillir le lait puis incorporez la crème fraîche et reportez à ébullition.

Retirez du feu, ajoutez le sucre, le chocolat fondu, le beurre et refaites bouillir quelques secondes.

Versez dans un bol, laissez refroidir et servez comme accompagnement de la charlotte Cécile, du soufflé au chocolat, de la charlotte aux marrons, de la brioche Estelle.

Cette sauce peut être servie chaude sur les profiteroles glacées ou sur une glace vanille dont les recettes ne sont pas l'objet de ce volume.

32

SAUCE A LA VANILLE

Elle nappe agréablement beaucoup de gâteaux. Riche en jaunes d'œufs, elle est le point de départ des bavarois et des charlottes.

PRÉPARATION : 15 MN
Y COMPRIS LA CUISSON

REFROIDISSEMENT : 30 MN

INGRÉDIENTS :

1/2 LITRE DE LAIT
6 JAUNES D'ŒUFS
150 G DE SUCRE SEMOULE
1 GOUSSE DE VANILLE

MATÉRIEL :

CASSEROLE DE 2 LITRES
SPATULE DE BOIS
BOL ET FOUET ÉLECTRIQUE
FOUET A MAIN

Masse 1 : Faites bouillir le lait et la vanille fendue dans la longueur dans une casserole de 2 litres. Laissez infuser la vanille si possible 10 mn.

Masse 2 : Faites blanchir les jaunes d'œufs et le sucre au fouet quelques minutes. Versez la *masse 1* sur la *masse 2* en fouettant.
Remettez le tout dans la casserole sur feu doux, tournez avec la spatule. Le mélange ne doit surtout pas bouillir. Lorsqu'il nappe la spatule, posez le fond de la casserole dans un bain-marie d'eau froide pour arrêter immédiatement la cuisson.
Si la sauce bout et tourne, fouettez-la vivement au mixer ou, à la rigueur, secouez-la en plusieurs fois dans une bouteille.
Faites refroidir la crème dans le bain-marie froid en fouettant de temps en temps pendant le refroidissement. Cette opération dure environ 30 mn.

Utilisation : Pour napper un entremets, accompagner brioches, puddings, etc.

33

APPAREIL A BAVAROIS

INGRÉDIENTS :

SAUCE A LA VANILLE
FAITE AVEC 1/2 LITRE DE LAIT

4 OU 5 FEUILLES DE GÉLATINE
ET 2 CUILLERÉES A SOUPE DE KIRSCH

MATÉRIEL :

PETIT BOL ET MOULE

Faites ramollir la gélatine dans de l'eau froide, et incorporez-la dans la sauce à la vanille chaude, en tournant avec une spatule. Si l'appareil est kirsché, pensez à ajouter une feuille de gélatine. Laissez refroidir. L'appareil est prêt à être moulé (voir recettes 149 et 152).

34

APPAREIL A CHARLOTTE

C'est un appareil à bavarois, auquel on ajoute de la Chantilly en quantités variables suivant les recettes, et qui sera versé dans un moule de biscuits à la cuiller (voir recettes des charlottes).

35

APPAREIL A SOUFFLÉ

Les quantités sont données pour trois ou quatre personnes, ce qui corres-pond à la taille idéale d'un soufflé. Cette préparation peut attendre 30 mn avant de passer au four à condition de la couvrir et de la laisser sur une plaque tiède entre 30° et 40°. Vous pouvez bien sûr en cuire 2 ou 3 sur une même plaque.

PRÉPARATION : 30 MN

CUISSON : 20 MN

INGRÉDIENTS POUR 3 A 4 PERSONNES :

MASSE 1 :
1/4 DE LITRE DE LAIT
60 G DE SUCRE SEMOULE
45 G DE FARINE EXTRA

MASSE 2 :
20 G DE BEURRE
4 JAUNES D'ŒUFS

MATÉRIEL :

MOULE A SOUFFLÉ
∅ 16 CM ET 6 CM DE HAUTEUR
BOL ET FOUET
SPATULE
CASSEROLE DE 1 LITRE
POUDRETTE

4 blancs d'œufs montés avec 20 g de sucre semoule, sucre glace, 25 g de beurre et sucre semoule pour le moule.

J'emploie les termes *masse 1* et *masse 2* pour différencier les ingré-dients que l'on incorpore avant ébullition de ceux qui ne doivent en aucun cas bouillir.

Faites chauffer le four à 180° (th. 5).

Beurrez le moule et saupoudrez-le de sucre semoule.

64

Préparation de la **masse 1** :

Faites bouillir le lait après en avoir prélevé 4 cuillerées à soupe.

Dans le bol, mélangez au fouet, le sucre, la farine, les 4 cuillerées de lait. Ajoutez un peu de lait bouillant, mélangez et reversez le tout dans la casserole en continuant à fouetter. Laissez bouillir pendant deux minutes et retirez du feu.

Incorporation de la **masse 2** :

Incorporez alors le beurre puis couvrez pour laisser refroidir pendant 15 mn. Ajoutez les 4 jaunes d'œufs en mélangeant au fouet et ensuite l'alcool s'il y a lieu (ou les amandes, ou le chocolat... voir recettes 139 à 148).

Montez les blancs en neige pas trop ferme, en les soutenant avec le sucre à mi-parcours.

Versez la préparation sur les blancs montés, mélangez à la spatule délicatement, versez dans le moule beurré et sucré, en ne dépassant jamais les 3/4 de la hauteur ; saupoudrez légèrement de sucre glace. Faites cuire à 180° (th. 5), 20 mn environ. Plongez un couteau dans la masse : s'il ressort sec, le soufflé est cuit. On peut sur une même plaque en cuire deux ou trois ensemble. Vous pouvez aussi faire quatre soufflés individuels avec cette recette. Le soufflé se consomme tout de suite.

Cette recette de base est utilisée dans la préparation des soufflés aux amandes, au grand-marnier, au citron, aux marrons, aux pistaches, praliné, aux pommes, à la vanille, à la noix de coco.

36

DÉCOR EN PATE D'AMANDES

Photo page 67

Pour recouvrir les entremets tels que bagatelle, Marly, ambassadeur, préparer des feuilles de houx et des sujets variés et de la mousse pour les bûches.

INGRÉDIENTS POUR UN ENTREMETS DE 8 PERSONNES :
COMPTEZ 300 G DE PATE D'AMANDES
POUR OBTENIR LE VERT TENDRE,
AJOUTEZ 3 GOUTTES
DE COLORANT VERT NATUREL
POUR OBTENIR LE ROSE TENDRE
AJOUTEZ 3 GOUTTES
DE COLORANT CARMIN NATUREL
POUR OBTENIR LE JAUNE CLAIR,
AJOUTEZ 3 GOUTTES
DE COLORANT JAUNE NATUREL
100 G DE SUCRE GLACE OU FÉCULE
(on peut trouver du colorant dans le commerce,
ou en nous le commandant).

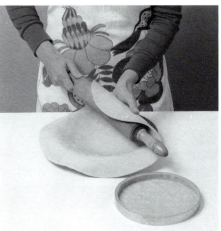

26

MATÉRIEL :

ROULEAU
COUTEAU

Travaillez la pâte comme de la pâte à modeler pour bien incorporer le colorant et formez une boule.

Pour abaisser la pâte, saupoudrez de fécule ou de sucre glace le plan de travail, et déplacez l'abaisse à chaque tour de rouleau, sinon elle risque de coller au centre et de craquer. Dans ce cas, il faut replier la pâte et recommencer l'opération.

Pour couvrir l'entremets choisi qui a déjà été masqué de crème, l'abaisse de la pâte doit être enroulée sur le rouleau à pâtisserie puis déroulée au centre de l'entremets comme pour le fonçage d'une tarte (voir photo 26 p. 66).

Décor en pâte d'amandes (recette ci-dessus)

Faites adhérer avec la main la pâte sur le dessus et le tour en évitant les plis, coupez le surplus à la base avec un couteau.

Pour les feuilles de houx, découpez-les à l'aide d'un couteau pointu et tordez-les légèrement.

Pour la mousse verte, écrasez la pâte d'amandes au tamis comme du jaune d'œuf, ramassez-la sur la lame d'un couteau et appliquez-la à la surface de l'entremets en la faisant adhérer à la crème.

CHAPITRE III

GATEAUX DE VOYAGE

J'ai réuni dans ce chapitre
des recettes de gâteaux
pouvant être confectionnés à l'avance
et transportés facilement.

RECETTES :   37   AMANDINES AUX CERISES

38   BISCUIT DE SAVOIE

39   BRIOCHE BORDELAISE

40   BRIOCHES INDIVIDUELLES

41   BRIOCHE MOUSSELINE

42   BRIOCHE NANTERRE

43   BRIOCHE PARISIENNE

44   BRIOCHE ROULÉE
       AUX FRUITS CONFITS

45   CAKE AUX FRUITS CONFITS

46   COLOMBIER DE LA PENTECOTE

47   CROISSANTS

48   FRIANDS

49   GALETTE DES ROIS
       AUX AMANDES

RECETTES : 50 GATEAU BASQUE

51 KOUGLOF LENOTRE

52 KOUGLOF ALSACIEN

53 LINZER TARTE

54 MIRLITONS

55 PAINS AU CHOCOLAT

56 PAINS AUX RAISINS

57 PAIN DE GENES

58 PITHIVIERS

59 PITHIVIERS HOLLANDAIS

60 TRANCHES DE BRIOCHE
AUX AMANDES

37

AMANDINES AUX CERISES

préparation : 10 mn
cuisson : 20 mn

ingrédients
pour 16 petits gateaux :
250 g de pate brisée (recette 10)
ou de pate sablée (recette 12)
500 g de crème d'amandes
(recette 17)
50 cerises fraiches ou au sirop
beurre pour les moules

matériel :
16 moules ⌀ 6,5 cm
palette
rouleau

Chauffez le four à 220º (th. 7).
Beurrez les moules et foncez-les.
Garnissez chaque moule de 3 cerises dénoyautées. Recouvrez de crème d'amandes à l'aide de la palette et lissez bien la surface au ras du moule.
Cuisez à 220º pendant 20 mn. Démoulez tiède.

38

BISCUIT DE SAVOIE

préparation : 15 mn
cuisson : 30 mn

ingrédients pour 2 gateaux
de 6 a 8 personnes chacun :
250 g de sucre semoule
1 cuillerée a café
d'eau de fleur d'oranger
100 g de farine extra
100 g de fécule
7 œufs moyens
80 g de beurre (facultatif)
100 g d'amandes effilées
(facultatif)

MATÉRIEL :

2 MOULES A GÉNOISE ⌀ 25 CM
PETITE CASSEROLE
BOL ET FOUET ÉLECTRIQUE
SPATULE

Chauffez le four à 180° (th. 5).

Beurrez les moules, saupoudrez de farine, et garnissez-les éventuellement d'amandes effilées.

Séparez les jaunes des blancs.

Faites fondre le beurre, laissez-le tiédir.

Dans le bol mélangeur, fouettez les jaunes d'œufs avec le sucre et la fleur d'oranger environ 5 mn à vitesse moyenne. Incorporez la farine et la fécule sans les travailler. Montez au fouet les blancs en neige en ajoutant 20 g de sucre à mi-parcours. Versez ces blancs montés et le beurre fondu en même temps sur la préparation et mélangez délicatement. Cet appareil ne doit pas attendre. Versez-le immédiatement dans les moules et faites cuire à 180° (th. 5) pendant 30 mn. Démoulez tiède.

Servez comme une génoise, avec une sauce à la vanille (recette 32), un coulis de fruits frais (recette 15), une compote, de la confiture, une sauce au chocolat (recette 31).

Conservation : Bien enveloppé de papier d'aluminium au frais : 3 à 4 jours.

39

BRIOCHE BORDELAISE

C'est une galette des rois en forme de couronne.

PRÉPARATION : 1 H

TEMPS DE POUSSE : 1 H 30

CUISSON : 30 MN

INGRÉDIENTS POUR 8 PERSONNES :

600 G DE PATE A BRIOCHE
(RECETTE 9)

100 G DE FRUITS CONFITS
10 FRUITS CONFITS
POUR LE DÉCOR
1 ŒUF
50 G DE SUCRE CRISTAL
(OU MIEUX SUCRE CASSON)

MATÉRIEL :

PINCEAU, ROULEAU
CISEAUX
PAPIER SILICONÉ

Sur un plan de travail légèrement fariné, aplatissez un peu la pâte à la main.
Hachez finement les fruits confits : de préférence prunes, cédrats, bigarreaux, abricots, oranges et citrons. Faites-les adhérer sur toute la surface de la pâte en n'oubliant pas la fève au moment des rois. Rabattez les bords de la pâte vers le centre et formez une boule. Sur la plaque du four beurrée ou recouverte d'un papier siliconé, laissez reposer la pâte 5 à 10 mn. Puis creusez un trou au milieu de la boule en tournant avec le pouce et étirez régulièrement la pâte en couronne tout autour. Recommencez l'opération deux ou trois fois pour obtenir un trou de 10 cm de diamètre environ. Faites attention pendant l'étirage de ne pas déchirer la pâte, ce qui peut être évité en la laissant reposer quelques minutes entre chaque étirage. Laissez pousser à température ambiante pendant 1 h 30.
Chauffez le four à 200° (th. 6) 1/4 d'heure avant la cuisson.
Dorez la couronne à l'œuf battu à l'aide d'un pinceau. Entaillez la surface régulièrement avec des ciseaux mouillés en portant les coups en biais pour former des becs ; si le coup de ciseau est trop faible, le dessin ne se fera pas, s'il est trop appuyé la pâte retombera.
Faites cuire 30 mn en surveillant la couleur. Dès la sortie du four, décorez la surface de la couronne de tranches de fruits confits, de sucre cristal (ou mieux sucre casson) ou de pralines concassées.

Conseil : Je vous recommande de faire la pâte à brioche la veille.

40

BRIOCHES INDIVIDUELLES

PRÉPARATION : 15 MN
CUISSON : 12 MN
TEMPS DE POUSSE : 1 H 30

INGRÉDIENTS POUR 16 PIÈCES :
500 G DE PATE A BRIOCHE
(RECETTE 9)

20 G DE BEURRE
POUR LES MOULES
1 ŒUF BATTU
AVEC UN SOUPÇON DE SEL

MATÉRIEL :
16 MOULES INDIVIDUELS
PINCEAU

Préparez la pâte la veille. Le jour de l'utilisation, abaissez-la sur un plan de travail légèrement fariné pour former un pain long. Divisez-le en 16 parties égales auxquelles vous donnez la forme d'une boule. Faites tourner la boule sur le plan de travail avec la paume de la main légèrement farinée (photo 15, p. 36). Surtout ne pas appuyer sur la boule pendant cette manipulation sinon elle collera. Un pli se forme sous la boule qu'il faut maintenir en dessous. Formez la tête de la brioche en roulant chaque boule sur le plan de travail sous le tranchant de la main (photo 16, p. 36).
Beurrez les moules au pinceau.
Posez la forme obtenue verticalement dans les moules et enfoncez la tête en marquant un trou à sa base avec le doigt (photo 17, p. 36).
Laissez pousser 1 h 30 à température ambiante.
Chauffez le four 1/4 d'heure à l'avance à 230º (th. 7-8).
Dorez à l'œuf battu avec le pinceau.
Cuisez pendant 12 mn à 230º.
Démoulez tiède.

41

BRIOCHE MOUSSELINE

Photo page 75

PRÉPARATION : 15 MN

CUISSON : 30 A 35 MN

TEMPS DE POUSSE : 2 H

INGRÉDIENTS POUR 6 PERSONNES :

360 G DE PATE
A BRIOCHE SURFINE (RECETTE 9)
20 G DE BEURRE POUR LE PAPIER
1 ŒUF BATTU

MATÉRIEL :

MOULE A MOUSSELINE
OU BOITE DE CONSERVE
DE 1 LITRE
PAPIER BLANC OU D'ALUMINIUM

Coupez deux épaisseurs de papier blanc ou de papier d'aluminium du double de la hauteur de la boîte ou du moule puis formez-en un cylindre que vous posez debout dans le moule, pour en tapisser les bords. Beurrez le fond du moule, puis le papier extérieur en quelques points pour le faire adhérer aux bords et le papier intérieur très largement sur toute sa hauteur.

Brioches mousseline (recette ci-dessus), Nanterre (recette page 76), parisienne (recette page 77)

Posez la boule de pâte au fond du moule, aplatissez-la avec le poing. Laissez pousser environ 2 h à température ambiante (la pâte monte jusqu'à 1 cm au bord du moule).
Chauffez le four à 200° (th. 6) 1/4 d'heure à l'avance.
Dorez le dessus de la brioche à l'œuf battu avec un pinceau et entaillez-en la surface en croix avec des ciseaux pour former un décor.
Cuisez à 200° pendant 30 à 35 mn.
Démoulez tiède.

Congélation : Voir brioche Nanterre.

42

BRIOCHE NANTERRE

Photo page 75

La pâte doit être préparée la veille. Je vous conseille de cuire deux brioches ensemble. Vous pourrez en congeler une.

PRÉPARATION : 15 MN

TEMPS DE REPOS : 2 H

CUISSON : 35 MN

MATÉRIEL :

MOULE A CAKE
PINCEAU
PAPIER BLANC OU D'ALUMINIUM

INGRÉDIENTS :

360 G DE PATE A BRIOCHE
(RECETTE 9)
25 G DE BEURRE POUR LE MOULE
1 ŒUF

Farinez légèrement le plan de travail et les mains.
Chemisez le moule de papier beurré en laissant celui-ci déborder de 3 cm.
Partagez le pâton en 6 parts égales de 60 g, allongez-les en boules légèrement ovales.
Disposez les 6 boules au fond du moule en les espaçant le plus régulièrement possible et laissez-les pousser du double de leur volume, pendant environ 2 h à température ambiante. A ce moment-là, les six pâtons sont soudés.
Chauffez le four 1/4 d'heure à l'avance à 200° (th. 6).
Dorez à l'œuf battu avec un pinceau. Inciser en croix la surface de chaque part avec des ciseaux mouillés.
Faites cuire 35 mn à 200° en surveillant la couleur. Démoulez tiède.

76

Congélation : Doit être effectuée lorsque la brioche est encore tiède.

Quand elle a durci, bien l'envelopper dans un sac de plastique alimentaire ou du papier d'aluminium. Pour la décongélation, laissez reprendre environ 5 h, à température ambiante, ou mieux passez au four à 200° (th. 6) pendant 10 mn, 1h après l'avoir sortie du congélateur.

43

BRIOCHE PARISIENNE

Photo page 75

La pâte doit être préparée la veille. Vous pouvez cuire 2 brioches ensemble et préparer le lendemain un salpicon de fruits ou une polonaise avec la brioche qui restera.

PRÉPARATION : 10 MN

TEMPS DE REPOS : 1 H 30

CUISSON : 35 MN

MATÉRIEL :

CISEAUX
PINCEAU
MOULE DE 3/4 DE LITRE A COTES

INGRÉDIENTS :

360 G DE PATE A BRIOCHE
(RECETTE 9)
25 G DE BEURRE POUR LE MOULE
1 ŒUF BATTU

Farinez très légèrement vos mains ainsi que le plan de travail.

Partagez la pâte en 2 boules, une de 280 g pour le corps et une de 80 g pour la tête. Tournez la grosse boule entre vos mains sans l'écraser sur le plan de travail pour la rendre homogène et ronde. Beurrez le moule, posez la grosse boule au fond.

Roulez de même la tête, en lui donnant la forme d'une poire ; faites un creux au sommet de la grosse boule, posez la petite boule sur la grosse, la partie pointue de la poire enfoncée dans le creux. Faites adhérez les deux boules en appuyant légèrement avec les doigts farinés (photo 17, p. 36). Laissez pousser jusqu'à doubler de volume environ 1 h 30 selon la température de la pièce.

Chauffez le four à 200° (th. 6), 1/4 d'heure avant la cuisson.

Incisez la surface de la grosse boule devant chaque côte du moule avec des ciseaux mouillés pour aider le gonflement à la cuisson. Dorer à l'œuf battu avec un pinceau.

Cuisez 35 mn en surveillant la couleur. Démoulez tiède.

Conseil : L'œuf battu de la dorure ne doit pas couler le long du moule, si l'on ne veut pas avoir de difficultés au démoulage.

Conservation : 24 h dans un sac de plastique alimentaire ou de papier d'aluminium.

Congélation : Même procédé que pour la brioche Nanterre ou mousseline (p. 77).

44

BRIOCHE ROULÉE AUX FRUITS CONFITS
Photo page 79

Parfumée au rhum, garnie de crème d'amandes ou de crème pâtissière. Pour des enfants, remplacez le rhum par de la vanille.

PRÉPARATION : 15 MN
TEMPS DE POUSSE : 2 H
CUISSON : 35 MN

INGRÉDIENTS
POUR 1 BRIOCHE DE 8 PERSONNES :

400 G DE PATE A BRIOCHE (RECETTE 9)
250 G DE CRÈME D'AMANDES (RECETTE 17)
OU CRÈME PATISSIÈRE (RECETTE 24)
50 G DE RAISINS SECS
3 CUILLERÉES A SOUPE DE RHUM
50 G DE FRUITS CONFITS
50 G DE BEURRE
1 ŒUF
1 DL 1/2 DE SIROP A ENTREMETS AU RHUM OU A LA VANILLE
GLAÇAGE : 100 G DE SUCRE GLACE
2 CUILLERÉES A SOUPE D'EAU CHAUDE
3 GOUTTES DE RHUM

MATÉRIEL :
MOULE A GÉNOISE ⌀ 26 CM
ROULEAU
PALETTE
PINCEAU

Faites gonfler les raisins secs dans le rhum.

Foncez le moule beurré avec 150 g de pâte à brioche comme pour une tarte.

Recouvrez le fond d'une couche de crème d'amandes ou de crème pâtissière sur 3 mm d'épaisseur.

Brioche roulée aux fruits confits (recette ci-dessus)

Sur un plan de travail légèrement fariné, étalez les 250 g de pâte restants, en un rectangle de 25 × 15 cm environ ; garnissez cette abaisse avec le reste de la crème d'amandes ou pâtissière, puis des raisins égouttés et des fruits confits hachés. Roulez l'abaisse pour obtenir un boudin de 25 cm de long et découpez ce boudin en huit tronçons de même épaisseur.

Garnissez le moule foncé en posant les tronçons à plat les uns à côté des autres (voir p. 79), en laissant un espace de quelques millimètres pour la pousse jusqu'au bord du moule. Laissez pousser 2 h environ dans un endroit tempéré.

Chauffez le four 1/4 d'heure avant la cuisson à 200° (th. 6). Dorez la surface de la brioche avec le pinceau à l'œuf battu.

Faites cuire pendant 35 mn en surveillant la coloration. N'hésitez pas à couvrir le moule d'un papier d'aluminium si la brioche prend trop vite couleur.

A la sortie du four, mouillez-la avec le sirop à entremets au rhum, ou à la vanille.

Démoulez tiède et lorsque la brioche est refroidie, décorez la surface au pinceau avec un glaçage à l'eau chaude, c'est-à-dire avec le mélange simple des ingrédients donnés ci-dessus.

Conservation : 2 à 3 jours au frais.

45
CAKE AUX FRUITS CONFITS

PRÉPARATION : 15 MN

TEMPS DE REPOS : 30 MN

CUISSON : 45 MN

INGRÉDIENTS POUR 6 PERSONNES :

125 G DE BEURRE
3 ŒUFS ENTIERS
125 G DE SUCRE GLACE
160 G DE FARINE EXTRA
5 G DE LEVURE CHIMIQUE
(1/2 PAQUET)
250 G DE FRUITS CONFITS DIVERS
50 G DE BIGARREAUX CONFITS
50 G D'ABRICOTAGE
3 CUILLERÉES A SOUPE DE RHUM

MATÉRIEL :

MOULE A CAKE ⌀ 23 CM
PAPIER POUR LE GARNIR
CUL-DE-POULE DE 3/4 DE LITRE
FOUET, SPATULE, PINCEAU

Choisissez les œufs pour que leur poids total soit de 150 g afin de ne pas fausser les proportions de la recette. Sortez les œufs et le beurre du réfrigérateur 1 h à l'avance.

Hachez grossièrement les fruits confits et mélangez-les bien (sauf les bigarreaux que vous garderez pour le décor).

Masse 1 : Dans le cul-de-poule, travaillez au fouet le beurre pommade, le sucre glace et les œufs entiers tièdes, incorporés un par un. Si la masse se décompose, mettez le cul-de-poule à tiédir au bain-marie pendant l'opération.

Masse 2 : Sur un papier, mélangez la levure à la farine. Incorporez à la spatule les fruits confits hachés. Ceci évite en principe aux fruits de retomber dans le fond du moule.

Incorporez cette masse 2 à la masse 1 avec la spatule, laissez reposer 30 mn au froid.

Chauffez le four 15 mn à l'avance à 240° (th. 8).

Beurrez légèrement le moule, chemisez-le de papier blanc en laissant celui-ci dépasser des bords. Versez-y le mélange.

Commencez la cuisson à 240° (th. 8) pendant 5 mn puis continuez à 180° (th. 5-6) pendant 45 mn. Pour vérifier si le cake est cuit, piquez-le avec un couteau, la lame doit ressortir sèche.

A la sortie du four, arrosez avec le rhum pur. Démoulez tiède. Lorsque le cake est refroidi, nappez-le d'abricotage chaud et décorez-le avec les bigarreaux coupés en deux.

Conservation : Le cake se conserve au sec dans du papier d'aluminium pendant une semaine. Je vous conseille d'en préparer deux à la fois puisque vous pouvez les cuire en même temps sur une seule plaque.

Congélation : Le cake se congèle très bien lorsqu'il est encore tiède. Dans ce cas ne pas le décorer, ni l'abricoter. Ces opérations seront faites peu de temps avant de servir, après l'avoir laissé reprendre 24 h au réfrigérateur.

46

COLOMBIER DE LA PENTECOTE

Riche de pâte d'amandes, parfumé à l'orange. Je conseille d'en préparer deux ensemble.

PRÉPARATION : 30 MN

CUISSON : 20 MN

INGRÉDIENTS POUR 6 PERSONNES :

200 G DE PATE D'AMANDES CRUE
(RECETTE 18)
3 PETITS ŒUFS
30 G DE FARINE TAMISÉE
60 G DE BEURRE
100 G DE FRUITS CONFITS
100 G D'ÉCORCE D'ORANGE CONFITE
20 G DE BEURRE POUR LE MOULE

GLAÇAGE A L'EAU :

100 G DE SUCRE GLACE
3 GOUTTES DE RHUM
100 G D'AMANDES EFFILÉES
(FACULTATIF)

MATÉRIEL :

MOULE A GÉNOISE ∅ 23 CM
PAPIER BLANC ∅ 23 CM
PINCEAU
PALETTE
PETIT CUL-DE-POULE
BOL ET PALE ÉLECTRIQUE

Faites fondre le beurre, laissez-le refroidir.
Chauffez le four à 200° (th. 6).
Lissez la pâte d'amandes dans le bol mélangeur avec la pale à petite vitesse, puis à vitesse moyenne; incorporez les œufs entiers un par un en laissant monter l'appareil après chaque œuf, l'appareil doit être très léger. Ce brassage dure environ 15 mn. Puis, à la spatule, incorporez la farine en une seule fois, puis le beurre presque froid.
Beurrez copieusement les bords du moule et fixez le cercle de papier au fond par quatre points de beurre.
Remplissez-le avec l'appareil jusqu'aux 3/4 du moule, étalez à la surface les fruits confits et l'écorce d'orange confite hachés.
Cuisez à 200° (th. 6) pendant 10 mn puis à 180° (th. 5) pendant 10 mn encore. Surveillez la couleur pendant la cuisson.
Démoulez froid en couvrant le moule d'une assiette plate et en retournant le tout très délicatement car le colombier est très fragile.
Décorez-le d'un glaçage à l'eau (simple mélange des ingrédients donnés ci-dessus dans 2 cuillerées à soupe d'eau) en en nappant la surface et le tour à l'aide de la palette.
Mettez au frais avant de servir; il peut attendre 24 h.

Conseil : On peut chemiser le moule beurré d'amandes effilées au lieu de mettre un papier dans le fond.

Croissants (recette page 84), pains au chocolat (recette page 93)

47

CROISSANTS

Photo page 83

PRÉPARATION : 15 MN

TEMPS DE REPOS : 7 H MINIMUM

CUISSON : 15 MN ENVIRON × 2

MATÉRIEL :

BOL PÉTRISSEUR
PLAT A GRATIN, ROULEAU
PINCEAU, PLAQUE DU FOUR
2 PETITS BOLS

INGRÉDIENTS POUR 30 PIÈCES ENVIRON :

1. 20 G DE LEVURE
2. 50 G DE SUCRE SEMOULE
   2 CUILLERÉES A SOUPE DE LAIT
   15 G DE SEL
3. 40 G DE BEURRE FONDU
   120 G D'EAU
   120 G DE LAIT
   500 G DE FARINE (TYPE 45)
   260 G DE BEURRE EXTRA FIN
   1 ŒUF

Sur les paquets de farine que l'on trouve dans le commerce figure la mention Type 45 ou Type 55. Il est préférable de prendre le Type 45 plus corsé donc plus riche en gluten.

Sortez les 260 g de beurre fin du réfrigérateur à temps pour qu'il soit souple au moment de l'utilisation.

1. Mélangez la levure dans 2 cuillerées à soupe d'eau tiède.

2. D'autre part, mélangez le sucre et le sel dans les 2 cuillerées à soupe de lait.

3. Enfin, préparez le troisième mélange en chauffant à 30° dans une casserole le beurre, l'eau et le lait.

Préparation de la détrempe : Mélangez dans le bol pétrisseur à petite vitesse la farine, le mélange 2, puis le mélange 3 et enfin la levure délayée. La pâte est souple, légèrement tempérée, elle se détache des bords après 1 mn de pétrissage.

Laissez doubler de volume dans un endroit à 25° en couvrant d'un linge (environ 1 h).

Puis étalez la détrempe dans le plat à gratin fariné et laissez-la à couvert pendant 2 h au moins au réfrigérateur. Elle peut y rester sans inconvénient 2 à 3 h.

Martelez les 260 g de beurre dans leur emballage avec un rouleau à pâtisserie afin de l'assouplir et séparez en deux parties égales. Remettez-en la moitié au froid.

Abaissez la détrempe refroidie sur le plan de travail fariné en formant un rectangle. Couvrez-en les deux tiers avec la moitié du beurre détaillé en noix, il doit être un peu plus mou que la pâte. Pliez en

trois en commençant par la partie non beurrée, donnez un tour comme pour le feuilletage classique (voir photo 3, p. 23).
Enveloppez dans un linge et remettez au réfrigérateur, pendant 2 h au moins, ou même toute une nuit, ce qui donnera un meilleur résultat à la pousse.
Recommencez les opérations du paragraphe précédent en utilisant le reste de beurre. Après avoir donné un tour simple, abaissez en un rectangle de 20 × 25 cm environ. Mettez au froid, couvert, pendant 1 h. Abaissez alors sur 3 mm d'épaisseur pour obtenir une bande de 90 × 30 cm environ que vous coupez en deux dans sa longueur. Découpez chaque moitié en 12 à 15 triangles en faisant une base assez étroite. Roulez chaque triangle sur lui-même en commençant par la base.
Posez les croissants sur une plaque beurrée ou recouverte de papier siliconé en les espaçant bien. Dorez-les à l'aide d'un pinceau avec un peu d'œuf battu, pour éviter qu'ils dessèchent pendant la pousse qui dure environ 2 h. Ils doivent doubler de volume.
Chauffez le four à 200° (th. 6), 1/4 d'heure à l'avance. Redorez les croissants puis cuisez pendant 15 mn environ. Surveillez la fin de la cuisson car les croissants ne seront pas tous cuits en même temps. Si vous cuisez 30 pièces faites-le en deux fois.
Pour la recette des pains au chocolat qui se font avec la même pâte, voir p. 93.

Congélation : Congelez les croissants encore tièdes posés sur une assiette. Puis, dès qu'ils sont durs, emballez-les dans un sac en plastique. Pour les déguster : chauffer le four à 250° (th. 9-10) pendant 15 mn. Y passer les croissants encore congelés pendant exactement 5 mn pour les réchauffer à cœur.
Les croissants congelés se conservent bien 15 jours.

48
FRIANDS

PRÉPARATION : 15 MN

CUISSON : 15 A 18 MN

INGRÉDIENTS POUR 20 PIÈCES :

170 G DE BEURRE
5 BLANCS D'ŒUFS
250 G DE SUCRE GLACE
135 G D'AMANDES EN POUDRE
55 G DE FARINE
30 G DE BEURRE POUR LES MOULES

MATÉRIEL :

CUL-DE-POULE DE 2 LITRES
SPATULE, PINCEAU
8 MOULES A TARTELETTES
OU 20 MOULES A FRIANDS
PETITE CASSEROLE
PLAQUE DU FOUR

Le poids de 5 blancs d'œufs est de 155 g environ. Ce détail peut vous être utile si vous utilisez des blancs d'œufs qui vous restent et si vous ne savez plus combien vous en avez gardés dans le bol.

Faites chauffer le four à 250° (th. 9).

Beurrez copieusement les moules au pinceau avec le beurre pommade. Faites fondre le beurre et cuisez-le jusqu'à ce qu'il ne bouille plus. Il prend alors le goût noisette, et il est à peine coloré.

Mélangez bien le sucre, les amandes en poudre et la farine dans un bol, incorporez les blancs d'œufs en travaillant à la spatule, puis le beurre noisette chaud. Remplissez les moules à la cuiller, posez-les tous sur la même plaque du four.

Commencez la cuisson à 240° (th. 8) pendant 5 mn puis continuez à 200° (th. 6) pendant 10 mn; le temps de cuisson peut être plus ou moins long selon la taille des moules. Éteignez le four. Attendez 5 mn avant de sortir les friands. Démoulez chaud sur une grille ou sur du papier siliconé.

Conseil : La forme des moules importe peu, il faut seulement faire attention de ne les garnir que jusqu'à 3 mm du bord car le mélange gonfle légèrement.

Conservation : Les friands se conservent dans une boîte hermétique 15 jours au frais.

49

GALETTE DES ROIS AUX AMANDES

La recette est donnée pour une galette, mais vous pouvez en préparer plusieurs à la fois et les congeler crues.

PRÉPARATION : 25 MN

TEMPS DE REPOS : 1 H

CUISSON : 35 MN

INGRÉDIENTS POUR UNE GALETTE DE 8 PERSONNES :

600 G DE PATE FEUILLETÉE CLASSIQUE OU RAPIDE (RECETTES 3 OU 4)

300 G DE CRÈME D'AMANDES (RECETTE 17)
1 ŒUF
50 G DE SUCRE GLACE

MATÉRIEL :

ROULEAU, RÉGLETTES DE CARTON
PINCEAU
PLAT A GRATIN, PLAQUE DU FOUR

Préparez la crème d'amandes.

Chauffez le four à 240° (th. 8) si vous préparez la galette pour consommation immédiate.

Divisez la pâte feuilletée bien froide en deux morceaux de 300 g.

Abaissez-les, en coupant les coins pour obtenir finalement deux cercles. Remettez au centre les chutes de pâte que vous incorporez au rouleau ; abaissez en vous aidant des réglettes de carton (voir photo 4, p. 24), pour obtenir deux cercles ⌀ 28 cm et de 2 mm d'épaisseur.

Si la pâte est élastique et qu'elle se rétracte, mettez-la au froid pendant 1/4 d'heure, puis abaissez-la au diamètre désiré sur la plaque du four légèrement mouillée.

Avec le pinceau, badigeonnez à l'œuf battu le tour de la première abaisse sur 1 cm de large environ. Avec la palette, étalez la crème d'amandes au centre de l'abaisse en évitant de déborder sur le tour enduit d'œuf battu. N'oubliez pas de mettre la fève.

Recouvrez du second cercle de pâte. Chiquetez le tour en biais à l'aide d'un couteau. Mettez au frais 1 h.

Congélation : A ce stade de la préparation, congelez chaque galette en la posant sur un plat pendant 12 heures puis, quand elle a durci, en l'enveloppant dans un sac de plastique bien fermé.

La cuisson se fera sans décongeler, après avoir sorti la galette du sac et l'avoir dorée et décorée. Elle durera 10 minutes de plus environ que la cuisson normale.

Si vous ne congelez pas, dorez la surface de la galette à l'œuf battu et dessinez des losanges avec un couteau pour le décor.

Cuisez à 240° (th. 8) pendant 10 mn. Puis à 200° (th. 6) pendant encore 25 mn. 5 mn avant la fin de la cuisson, saupoudrez de sucre glace. Surveillez la couleur. Éventuellement, passez une minute au gril pour faire glacer la croûte.

50
GATEAU BASQUE

C'est une pâte fine fourrée de crème pâtissière au rhum.

PRÉPARATION : 30 MN
TEMPS DE REPOS : 15 MN
CUISSON : 20 MN

INGRÉDIENTS POUR DEUX GATEAUX DE 6 PERSONNES :
3 ŒUFS
240 G DE SUCRE SEMOULE

200 g de beurre
270 g de farine extra
1 cuillerée a soupe de rhum
quelques gouttes de vanille liquide
1/2 orange
5 g de levure (1/2 paquet)
crème patissière faite avec 1/4 de litre de lait (recette 24)
1 œuf pour dorer

MATÉRIEL :

poche a douille ⌀ 1 cm
2 moules en aluminium ⌀ 23 cm
ou 2 moules a génoise ⌀ 23 cm,
pinceau, bol et fouet

Faites fondre le beurre et laissez-le refroidir.
Préparez la crème pâtissière.
Mélangez la farine et la levure sur un papier.
Dans un bol, fouettez les œufs entiers et le sucre sans trop travailler. Incorporez doucement le beurre fondu et refroidi, la farine, le jus de l'orange puis en dernier la vanille et le rhum. Laissez reposer la pâte pendant un quart d'heure. Beurrez les moules.
Chauffez le four à 200° (th. 6).
Dans le moule, dressez en spirale à la poche à douille un fond de pâte en commençant par l'extérieur pour finir au centre. Sur ce fond, étalez la crème pâtissière jusqu'à 1 cm du bord du moule. La crème ne doit pas toucher le bord du moule car le démoulage serait difficile. Recouvrez la crème complètement d'une épaisseur de pâte dressée à la poche à douille, en commençant toujours par l'extérieur. Dorez à l'œuf battu avec un pinceau puis dessinez un décor avec un couteau. Cuisez à 200° pendant 20 mn, les deux moules ensemble sur la même plaque.
Démoulez tiède.

Conservation : 3 jours au frais, bien emballé.

51

KOUGLOF LENOTRE

Photo page 91

Je le prépare avec de la pâte à brioche ce qui en fait un dessert plus riche que le Kouglof alsacien (voir ci-dessous).
Je vous conseille d'en cuire deux en même temps et d'en congeler un.

préparation : 15 mn   cuisson : 30 mn
temps de pousse : 2 h

INGRÉDIENTS POUR UN GATEAU
DE 6 PERSONNES :

360 G DE PATE A BRIOCHE
(RECETTE 9)
100 G DE RAISINS SECS
4 CUILLERÉES A SOUPE DE RHUM
100 G DE SUCRE SEMOULE
100 G D'AMANDES EFFILÉES
50 G DE SUCRE GLACE
1 ŒUF
50 G DE BEURRE POUR LE MOULE
ET LE NAPPAGE

MATÉRIEL :

MOULE A KOUGLOF DE 1 LITRE 1/2
SI POSSIBLE EN TERRE
PETITE CASSEROLE
PINCEAU

Préparez un sirop à babas en portant à ébullition le rhum et le sucre dans 1 dl d'eau. Faites macérer les raisins pendant 1 h dans ce sirop. (Le sirop à babas peut se conserver plusieurs semaines au frais dans un bol hermétique.)

Beurrez le moule et chemisez les cannelures d'amandes effilées.

Sur le plan de travail fariné, abaissez légèrement la pâte en un long rectangle. Étalez dessus les raisins égouttés et roulez la pâte sur elle-même en un boudin bien serré pour faire adhérer les raisins.

Posez ce boudin de pâte en cercle dans le moule en soudant ensemble ses deux extrémités à l'œuf battu avec un pinceau. Laissez pousser dans un endroit tempéré (25º) pendant environ 2 h. La pâte est montée jusqu'aux 3/4 du moule.

Chauffez le four à 200º (th. 6), 1/4 d'heure à l'avance.

Cuisez pendant 30 mn en vérifiant la couleur après 20 mn de cuisson. Si le Kouglof est assez doré, terminez la cuisson après l'avoir recouvert d'un papier. Pour voir s'il est cuit, piquez-le avec un couteau : la lame doit ressortir sèche. Démoulez chaud, badigeonnez immédiatement toute la surface au beurre fondu avec un pinceau et saupoudrez de sucre glace.

Congélation : Vous pouvez l'effectuer lorsque le Kouglof est encore tiède. Dans ce cas vous ne mettez ni beurre fondu, ni sucre glace à la sortie du four.

Sortez-le à l'avance du congélateur.

Laissez reprendre 2 h à température ambiante et passez-le au four à 150º (th. 4) pendant 10 mn pour le tiédir avant de napper la surface (voir ci-dessus) et de servir.

52

KOUGLOF ALSACIEN

INGRÉDIENTS :

500 g de farine
15 g de levure de boulanger
200 g de beurre
60 g de sucre semoule
1 dl de lait
10 g de sel
4 œufs

Travaillez ces ingrédients en suivant les explications données pour la pâte à brioche (recette 9).
Vous obtenez une pâte moins riche que vous utilisez exactement de la même façon que la pâte à brioche en l'intégrant dans la recette précédente.

53

LINZER TARTE

C'est un dessert autrichien, à base de confiture de framboises, parfumé à la cannelle.

PRÉPARATION : 25 mn

TEMPS DE REPOS : 1 h

CUISSON : 20 mn

INGRÉDIENTS POUR DEUX TARTES DE 8 PERSONNES :

300 g de farine extra
280 g de beurre

6 jaunes d'œufs durs
50 g d'amandes en poudre
50 g de sucre glace
2 g de cannelle (1 cuillerée a café rase)
1 cuillerée a soupe de rhum
500 g de confiture de framboises avec pépins
200 g de compote de pommes acidulées

Kouglof Lenôtre (recette page 88)

MATÉRIEL :

2 CERCLES ⌀ 23 CM ENVIRON
OU MOULES A TARTE AVEC FOND
AMOVIBLE
ROULEAU DENTELÉ OU COUTEAU ET RÈGLE
CASSEROLE DE 1 LITRE 1/2
TAMIS

Préparez la compote sans sucre, laissez-la refroidir.
Passez les jaunes d'œufs durs au tamis.
Dans un bol, mettez la farine, le beurre, les jaunes d'œufs, les amandes en poudre, le sucre glace, la cannelle et le rhum. Mélangez à la spatule sans travailler. Laissez reposer une heure au froid. Cette pâte peut être préparée à l'avance car elle se garde plusieurs jours au réfrigérateur.
Faites chauffer le four à 220° (th. 7).
Sur le plan de travail fariné, abaissez deux fois 500 g de pâte et foncez les deux moules.
Mélangez la compote de pommes et la confiture de framboises. Partagez ce mélange en deux parties égales et garnissez-en les deux fonds de pâte.

Travaillez un peu le reste de pâte entre vos mains. Il devient un peu élastique et sera plus facile à utiliser. Abaissez-le et découpez de longues bandes de pâte de 1 cm 1/2 de large avec un couteau et une règle ou bien une roulette dentelée.
Garnissez la surface des deux tartes en formant des losanges avec ces bandelettes de pâte croisées. Appuyez bien leurs extrémités sur le bord des moules.
Cuisez à 220° pendant 20 mn. Démoulez tiède.
Conseil : La pâte est très friable, c'est pourquoi je vous conseille d'employer des cercles plutôt que des moules à tarte.
Conservation : 3 à 4 jours.

54

MIRLITONS

Cette recette permet d'utiliser des chutes de feuilletage classique, ou mieux, rapide, à raison de 15 g de feuilletage par moule.

PRÉPARATION : 15 MN

CUISSON : 30 MN

INGRÉDIENTS POUR 15 PIÈCES :

250 G DE CHUTES DE FEUILLETAGE CLASSIQUE OU DE FEUILLETAGE RAPIDE (RECETTES 3 OU 4)
2 ŒUFS ENTIERS
80 G DE CRÈME D'AMANDES (RECETTE 17) OU 40 G D'AMANDES EN POUDRE
80 G DE CRÈME FRAICHE
50 G DE SUCRE SEMOULE
20 G DE SUCRE VANILLÉ (2 SACHETS)
3 GOUTTES D'EAU DE FLEUR D'ORANGER
60 G DE SUCRE GLACE

MATÉRIEL :

15 MOULES A TARTELETTES
ROULEAU
BOL
UN EMPORTE-PIÈCE ∅ 9 CM
OU 1 TASSE A BORD MINCE
POUDRETTE A SUCRE

Sur un plan de travail légèrement fariné, abaissez le feuilletage jusqu'à 2 mm d'épaisseur. Découpez dans l'abaisse des cercles de pâte avec l'emporte-pièce ou à défaut avec une tasse.
Foncez les moules en laissant le bord de la pâte dépasser de 1/2 cm le bord du moule pour compenser l'élasticité de la pâte. Piquez le

fond avec une fourchette à dents fines et laissez reposer à température ambiante 1/2 heure.
Faites chauffer le four à 180° (th. 5).
Dans un bol, faites une crème en mélangeant simplement les œufs entiers, la crème fraîche, la crème d'amandes (ou les amandes en poudre), les sucres semoule et vanillé et l'eau de fleur d'oranger. Remplissez les moules à la cuiller avec cette crème et saupoudrez abondamment de sucre glace.
Cuisez à 180° (th. 5) pendant 30 mn. Démoulez tiède et servez tiède ou froid le jour-même.

55

PAINS AU CHOCOLAT

Photo page 83

Je vous conseille de préparer 1 kg de pâte, ce qui vous permettra de faire 15 croissants et 15 pains au chocolat par exemple. Il faudra les cuire sur deux plaques en deux fois.

PRÉPARATION : 10 MN

TEMPS DE POUSSE : 1 H

CUISSON : 18 MN ENVIRON PAR PLAQUE

MATÉRIEL

ROULEAU, COUTEAU
PINCEAU
PLAQUE DU FOUR

INGRÉDIENTS POUR 15 PIÈCES :

500 G DE PATE A CROISSANT (VOIR P. 84)
30 BARRES DE CHOCOLAT DE 5 G CHACUNE
OU 15 BARRES DE 10 G
1 ŒUF POUR DORER

Suivez la recette de la pâte à croissants mais lorsque vous abaissez pour la deuxième fois avant de détailler les pièces, vous formez une bande de 15 × 90 cm dans laquelle vous détaillez 15 rectangles égaux. Enroulez 2 barres de chocolat à l'intérieur de chaque rectangle de pâte. Posez les petits pains sur la plaque du four beurrée ou recouverte de papier siliconé.
Laissez pousser à température ambiante pendant 1 h.
Chauffez le four 15 mn à l'avance à 250° (th. 9-10).
Dorez les pièces à l'œuf battu avec un pinceau.

Faites cuire 3 mn à 250° puis environ 15 mn à 200°. Surveillez attentivement la fin de la cuisson et la coloration car les pièces ne seront pas toutes cuites en même temps.

Congélation : Les petits pains peuvent être congelés. L'opération s'effectue dès qu'ils sont mis en forme, sans laisser pousser. Commencez la congélation en les posant espacés sur un plat puis dès qu'ils seront durcis, emballez-les ensemble dans un sac en plastique. Au moment de l'utilisation, laissez-les reprendre 24 h au réfrigérateur avant de les laisser pousser 1 h et de les cuire.

56

PAINS AUX RAISINS

Photo page 95

La base en est une pâte à brioche préparée la veille.

PRÉPARATION : 15 MN
TEMPS DE REPOS : 1 H
CUISSON : 10 MN

INGRÉDIENTS POUR 10 PIÈCES :
250 G DE PATE A BRIOCHE (RECETTE 9)
100 G DE CRÈME D'AMANDES (RECETTE 17)
OU DE CRÈME PATISSIÈRE (RECETTE 24)
50 G DE RAISINS SECS
1/2 DL DE RHUM
(4 CUILLERÉES A SOUPE)

3 CUILLERÉES A SOUPE DE CONFITURE D'ABRICOTS OU GLAÇAGE A L'EAU FAIT AVEC 100 G DE SUCRE GLACE ET 3 GOUTTES DE RHUM

MATÉRIEL :
ROULEAU
PLAQUE DU FOUR
PINCEAU

Faites gonfler les raisins dans 1/4 de litre d'eau bouillante pendant 15 mn. Égouttez-les et trempez-les dans le rhum.
Abaissez la pâte à brioche sur un plan de travail légèrement fariné en un rectangle de 25×15 cm environ. Recouvrez cette abaisse avec la crème choisie puis avec les raisins. Enroulez l'abaisse pour obtenir un boudin de 25 cm de long que vous découpez en 10 tranches d'égale épaisseur. Posez ces tranches à plat sur une plaque beurrée ou recouverte de papier siliconé et laissez pousser environ 1 h.
Chauffez le four 15 mn à l'avance à 220° (th. 7).

Pains aux raisins (recette ci-dessus)

Cuisez 10 mn. Sortez la plaque du four et laissez les pièces refroidir. Lorsqu'elles sont tièdes, abricotez la surface au pinceau, ou bien laissez-les refroidir complètement et appliquez le glaçage à l'eau avec le pinceau. Le glaçage à l'eau s'obtient en mélangeant simplement le sucre glace et le rhum avec 2 cuillerées à soupe d'eau.

57

PAIN DE GÊNES

C'est un biscuit moelleux enrichi de pâte d'amandes.

PRÉPARATION : 30 MN

CUISSON : 20 MN

INGRÉDIENTS POUR 2 GATEAUX DE 6 PERSONNES :

375 G DE PATE D'AMANDES CRUE (RECETTE 18)
280 G D'ŒUFS SOIT 6 ŒUFS MOYENS
1 CUILLERÉE A CAFÉ DE GRAND-MARNIER
1 CUILLERÉE A CAFÉ DE RHUM VIEUX
30 G DE FARINE EXTRA
100 G DE BEURRE
50 G D'AMANDES EFFILÉES

MATÉRIEL :

2 MOULES ⌀ 18 CM
2 RONDS DE PAPIER ⌀ 18 CM
PINCEAU
BOL ET PALE ÉLECTRIQUE

Faites fondre le beurre et laissez-le tiédir.
Chauffez le four à 200° (th. 6).
Beurrez les moules et chemisez-en les bords uniquement d'amandes effilées. Garnissez le fond des moules avec les ronds de papier collés avec un peu de beurre. Ceci évitera au pain de Gênes, qui est très fragile, de coller.
Dans un bol, lissez la pâte d'amandes en la travaillant avec la pale à petite vitesse. Puis à vitesse moyenne, incorporez les œufs entiers l'un après l'autre en laissant monter l'appareil entre chaque œuf. L'appareil obtenu doit être très léger. Incorporez enfin le rhum et le grand-marnier (cette opération dure 20 mn).

Pithiviers (recette page 98)

Dans cette pâte légère, incorporez délicatement avec la spatule la farine puis le beurre fondu à peine tiède. Ce mélange n'attend pas. Remplissez immédiatement les moules aux 3/4 avec cet appareil. Cuisez à 200° pendant 10 mn puis à 180° pendant 10 mn encore. Démoulez froid en retournant le pain de Gênes sur une assiette plate, côté papier.
Servir accompagné d'une sauce à la vanille ou au chocolat, ou d'un coulis de fruits frais, ou bien seul avec le thé.

Conservation : 4 jours au réfrigérateur bien enveloppé dans du papier d'aluminium.

58

PITHIVIERS

Photo page 97

Un dessert à base de crème d'amandes qui peut être servi comme une galette des rois.

PRÉPARATION : 20 MN

TEMPS DE REPOS : 30 MN

CUISSON : 35 MN

INGRÉDIENTS POUR 8 PERSONNES :

600 G DE FEUILLETAGE CLASSIQUE OU RAPIDE (RECETTES 3 OU 4)
400 G DE CRÈME D'AMANDES (RECETTE 17)
1 ŒUF
50 G DE SUCRE GLACE

MATÉRIEL :

ROULEAU
RÉGLETTES DE CARTON
PINCEAU
COUTEAU
PLAQUE DU FOUR

Préparez la crème d'amandes (ceci peut se faire la veille).
Chauffez le four à 240° (th. 8).
Partagez la pâte en deux pâtons égaux que vous abaissez sur le plan de travail pour obtenir deux cercles ⌀ 26 cm sur 3mm d'épaisseur. Pour abaisser en rond, aidez-vous d'une assiette pour obtenir une forme régulière, coupez les chutes que vous remettez au centre au début du travail. Utilisez des réglettes de carton pour abaisser régulièrement (voir photo 4, p. 24).
Badigeonnez le tour de la première abaisse, posée sur la plaque du four, à l'œuf battu avec un pinceau sur 1 cm de large. Étalez la crème d'aman-

des sur cette abaisse à partir du centre jusqu'à 3 cm du bord. Recouvrez avec la seconde abaisse de feuilletage (côté lisse à l'extérieur) en appuyant sur le bord pour que les deux abaisses soient bien soudées. Passez au froid 1/2 h.
Avec le pinceau, dorez la surface à l'œuf battu et dessinez avec un couteau des arcs de cercle, en partant du centre en spirale pour le décor. Cuisez à 240° (th. 8) pour commencer et dès que le Pithiviers est gonflé, diminuez à 200° : la cuisson dure environ 35 mn. 5 mn avant la fin, saupoudrez de sucre glace. Servez tiède.

Congélation : Ce gâteau se congèle cru avant d'être doré à l'œuf et décoré, comme la galette des rois aux amandes (voir p. 87). Il sera cuit encore congelé et la cuisson durera alors 15 mn de plus que la cuisson normale.

59

PITHIVIERS HOLLANDAIS

PRÉPARATION : 20 MN
TEMPS DE REPOS : 90 MN
CUISSON : 45 MN

Les ingrédients, le matériel et la préparation sont les mêmes que dans la recette précédente. Seuls la forme et le décor diffèrent car le Pithiviers hollandais a une forme de dôme et le décor est fait avec 30 g de sucre semoule, 30 g d'amandes en poudre et 1/2 blanc d'œuf. Pour cette recette, abaissez la pâte à 4 mm d'épaisseur en 2 cercles plus petits et vous rassemblez la crème en forme de dôme au centre de la première abaisse.
Chauffez le four à 200° (th. 6.)
Recouvrez avec la seconde abaisse et écrasez bien les bords pour souder les 2 abaisses ensemble. Passez au froid 1 h. Écrasez à nouveau la bordure pour bien l'aplatir. Remettre au froid 1/2 h. Nappez la surface avec le mélange assez pâteux de sucre, d'amandes et de blancs d'œufs. Saupoudrez abondamment de sucre glace dans lequel vous dessinez avec la pointe d'un couteau un décor en étoile, ou bien posez en rayons sur le sucre glace de fines bandelettes de pâte (qui délimiteront les parts) ; pour que les bandelettes adhèrent bien, grattez au couteau le sucre glace avant de les poser.
Cuisez 45 mn à 200° (th. 6).

60

TRANCHES DE BRIOCHE AUX AMANDES

PRÉPARATION : 15 MN

CUISSON : 5 MN

INGRÉDIENTS POUR 8 PERSONNES :

1 BRIOCHE MOUSSELINE DE 360 G
(RECETTE 41)
SIROP A ENTREMETS FAIT AVEC
1 DL D'EAU
135 G DE SUCRE SEMOULE
1 DL DE RHUM (RECETTE 29)
400 G DE CRÈME D'AMANDES
(RECETTE 17)
QUELQUES GOUTTES
D'EAU DE FLEUR D'ORANGER
60 G D'AMANDES EFFILÉES
50 G DE SUCRE GLACE

MATÉRIEL :

COUTEAU
PINCEAU
PLAQUE DU FOUR

Préparez le sirop à entremets. La brioche et la crème d'amandes peuvent être préparées à l'avance.

Chauffez le four à 240° (th. 8).

Coupez la brioche en tranches de 1 cm d'épaisseur. Mouillez au pinceau les deux faces de chaque tranche avec le sirop à entremets auquel vous ajoutez l'eau de fleur d'oranger. Garnissez une face de chaque tranche d'une couche de crème d'amandes de 1/2 cm d'épaisseur. Parsemez d'amandes effilées et saupoudrez de sucre glace.

Posez les tranches sur la plaque du four beurrée ou recouverte de papier siliconé et passez quelques minutes au four pour colorer à 240° (th. 8).

Servez tiède avec un thé ou des jus de fruits.

CHAPITRE IV

GROS GATEAUX ET ENTREMETS

RECETTES : 61 AMBASSADEUR

62 PATE A BABAS

63 BABAS AU RHUM
(au kirsch ou au grand-marnier)

64 BAGATELLE AUX FRAISES

65 BISCUIT DE L'ONCLE TOM

66 BISCUITS ROULÉS

67 BUCHE FRAISIER

68 BUCHE AU CAFÉ

69 BUCHE AU CHOCOLAT

70 BUCHE AUX MARRONS

71 CHATAIGNERAIE

72 CONCORDE

RECETTES : 73 COTE-D'IVOIRE 🧑‍🍳🧑‍🍳🧑‍🍳

74 FRAISIER 🧑‍🍳🧑‍🍳

75 GATEAU DE MADAME 🧑‍🍳🧑‍🍳🧑‍🍳

76 GATEAU MEXICAIN 🧑‍🍳🧑‍🍳

77 GATEAU DE PAQUES
AU FROMAGE BLANC 🧑‍🍳🧑‍🍳🧑‍🍳

78 MARLY AUX FRAMBOISES 🧑‍🍳🧑‍🍳🧑‍🍳

79 MARQUISE AU CHOCOLAT 🧑‍🍳🧑‍🍳

80 MARRONNIER 🧑‍🍳🧑‍🍳🧑‍🍳

81 MERINGUE D'AUTOMNE 🧑‍🍳🧑‍🍳🧑‍🍳

82 MILLEFEUILLE 🧑‍🍳🧑‍🍳🧑‍🍳
(préparation et cuisson du feuilletage)

83 MILLEFEUILLE
A LA CRÈME PATISSIÈRE 🧑‍🍳🧑‍🍳🧑‍🍳

84 MILLEFEUILLE VAL-DE-LOIRE 🧑‍🍳🧑‍🍳🧑‍🍳

85 MILLEFEUILLE AUX FRAISES 🧑‍🍳🧑‍🍳🧑‍🍳
OU AUX FRAMBOISES

86 MOKA AU CAFÉ 🧑‍🍳🧑‍🍳🧑‍🍳

87 PARIS-BREST 🧑‍🍳🧑‍🍳

88 RÉGENT A L'ABRICOT 🧑‍🍳

89 ROSACE A L'ORANGE 🧑‍🍳🧑‍🍳

90 SAINT-HONORÉ CHIBOUST 🧑‍🍳🧑‍🍳🧑‍🍳

91 SINGAPOUR AUX ABRICOTS 🧑‍🍳

92 SUCCÈS PRALINÉ 🧑‍🍳🧑‍🍳🧑‍🍳

61

AMBASSADEUR

C'est une génoise garnie de crème pâtissière aux fruits confits parfumée au grand-marnier. Décor de pâte d'amandes.

PRÉPARATION :

30 MN LA VEILLE
25 MN LE JOUR MÊME

TEMPS DE REPOS : 1 H

INGRÉDIENTS POUR 8 PERSONNES :

1 GÉNOISE NATURE ∅ 20 CM
(RECETTE 6)
300 G DE CRÈME PATISSIÈRE
(RECETTE 24)
40 G DE FRUITS CONFITS
4 CUILLERÉES A SOUPE DE GRAND-MARNIER
2 DL 1/2 DE SIROP A
ENTREMETS AU GRAND-MARNIER
(RECETTE 29)
400 G DE PATE D'AMANDES ROSE
OU VERTE (RECETTE 36)

MATÉRIEL :

SPATULE DE BOIS, PINCEAU
CUL-DE-POULE DE 2 LITRES
PETIT BOL, COUTEAU-SCIE
PALETTE MÉTALLIQUE
ROULEAU, POUDRETTE
DISQUE DE CARTON ∅ 20 CM

La veille, préparez la génoise et faites macérer les fruits confits coupés en petits dés dans le grand-marnier. Ne réutilisez pas l'alcool après la macération à cause des colorants contenus dans les fruits confits.

Le jour de la préparation, faites la crème pâtissière, prélevez-en la moitié pour la finition, que vous garderez au frais. Incorporez à l'autre moitié refroidie les fruits confits égouttés.

Préparez le sirop au grand-marnier avec les proportions indiquées sur la recette 29.

Coupez la génoise dans l'épaisseur en trois tranches égales avec un couteau-scie et posez le premier fond sur le disque de carton. Punchez au sirop avec le pinceau et recouvrez d'une couche de crème aux fruits confits. Posez le deuxième fond de génoise, punchez-le, recouvrez-le de cette même crème et finissez par le troisième fond de génoise que vous punchez également. Masquez complètement le gâteau avec le reste de crème pâtissière et mettez au froid 1 h.

Décor : Préparez l'abaisse de pâte d'amandes verte ou rose, recouvrez-en le gâteau complètement et décorez le dessus de demi-bigarreaux confits ou d'une tresse de pâte d'amandes bicolore posée autour de l'entremets.

62

PATE A BABAS

Je vous conseille de préparer suffisamment de pâte pour pouvoir cuire ensemble deux préparations car il est facile d'en congeler une.

PRÉPARATION : 15 MN

TEMPS DE REPOS : 15 MN

INGRÉDIENTS POUR 1 BABA DE 10 PERSONNES ET 10 SAVARINS INDIVIDUELS (SOIT 500 G DE PATE A BABAS) :

250 G DE FARINE
7 G DE LEVURE DE BOULANGER
3 ŒUFS
6 G DE SEL (2 CUILLERÉES A CAFÉ)
6 G DE SUCRE SEMOULE (2 CUILLERÉES A CAFÉ)
75 G DE BEURRE
1 DL DE LAIT

MATÉRIEL :

BOL PÉTRISSEUR
PALE
CUL-DE-POULE DE 2 LITRES

Sortez le beurre du réfrigérateur 30 mn à l'avance.
Ne mettez jamais en contact la levure, le sel et le sucre.
Dans le bol pétrisseur, mettez la levure délayée dans 2 cuillerées à soupe d'eau chaude, 1 cuillerée à soupe de lait, la farine puis le sel. Mélangez à petite vitesse en ajoutant les œufs entiers un à un. Pétrissez à vitesse moyenne pendant 8 mn pour que la pâte, assez ferme au début, devienne lisse et élastique. Ramollissez-la en incorporant progressivement le lait restant puis le sucre et le beurre ramolli par petits morceaux à la fin. La pâte doit s'étirer facilement entre les doigts sans casser. Mettez la pâte dans un grand cul-de-poule de 2 litres et laissez pousser à température ambiante pendant 15 mn environ. La pâte à babas ne doit pas pousser trop longtemps sinon les babas seront fragiles. Rompez la pâte à la main (voir photo 14, p. 35) pendant la pousse.

63

BABAS AU RHUM (au kirsch ou au grand-marnier)

Ce gâteau parfumé selon votre goût peut être garni de Chantilly, de crème pâtissière, de fruits au sirop ou de salade de fruits.

PRÉPARATION : 15 MN
TEMPS DE REPOS : 30 A 40 MN
CUISSON : 12 A 15 MN

INGRÉDIENTS POUR 1 DESSERT
DE 10 PERSONNES :

250 G DE PATE A BABAS
20 G DE BEURRE
100 G D'ABRICOTAGE
OU DE NAPPAGE PATISSIER
1 DL DE RHUM VIEUX, DE KIRSCH
OU DE GRAND-MARNIER
10 BIGARREAUX CONFITS
OU 10 TRANCHES D'ANANAS
OU POIRES OU PÊCHES AU SIROP

SIROP A BABAS :

350 G DE SUCRE SEMOULE
2 CUILLERÉES A SOUPE DE RHUM,
KIRSCH OU GRAND-MARNIER

GARNITURE :

400 G DE CHANTILLY (RECETTE 13)
OU 600 G DE CRÈME PATISSIÈRE
(RECETTE 24)
OU 600 G DE FRUITS AU SIROP
OU DE SALADE DE FRUITS
PARFUMÉS A L'ALCOOL CHOISI

MATÉRIEL :

MOULE A BABA $\varnothing$ 20 CM
10 MOULES A SAVARINS INDIVIDUELS
POCHE A DOUILLE CANNELÉE
GRILLE
CUL-DE-POULE

Beurrez légèrement le moule. Déposez la pâte dans le fond et laissez gonfler 30 à 40 mn à température ambiante. La pâte doit atteindre le bord du moule. Chauffez le four 1/4 d'heure à l'avance à 200° (th. 6.) Cuisez pendant 12 à 15 mn. Pour voir si le baba est cuit, piquez-le avec la lame d'un couteau. Elle doit ressortir sèche.
Démoulez chaud. Si le baba a attaché, enveloppez le moule à la sortie du four dans du papier d'aluminium. La vapeur qui se dégage aidera le baba à se décoller.

Conservation : 10 à 15 jours bien emballé dans le réfrigérateur.

Congélation : Enveloppez le gâteau encore tiède dans un emballage hermétique. Le baba se garde ainsi 2 mois. Laissez-le reprendre 24 h au réfrigérateur avant l'utilisation.

Finition : Préparez le sirop. Pour cela faites bouillir 5 dl d'eau avec le sucre semoule. Laissez tiédir et ajoutez l'alcool choisi.
Le baba préalablement déposé sur une grille sera arrosé de sirop à

l'aide d'une louche afin d'être imbibé jusqu'au cœur qui doit être moelleux. Faites cette opération au-dessus d'un plat pour recueillir le sirop qui sera utilisé mélangé à l'alcool choisi pour arroser le baba au moment de la finition.

Autre façon d'imbiber le baba : Versez le sirop tiède dans un grand cul-de-poule. Plongez-y le baba pour l'imbiber complètement puis déposez-le avec précaution pour ne pas le casser, sur une grille et laissez-le égoutter.

Au moment de servir : Arrosez la surface du baba avec l'alcool choisi, dilué si possible dans une même quantité de sirop à babas car l'alcool pur serait trop fort.
Abricotez la surface avec la confiture chaude ou un nappage pâtissier à l'aide d'un pinceau. Décorez avec les bigarreaux confits ou les tranches de fruits au sirop. Remplissez le centre du baba de fruits au sirop ou de salade de fruits ou bien avec la crème choisie en formant de grosses rosaces en dôme avec la poche à douille cannelée.

64

BAGATELLE AUX FRAISES

Photo page 109

La recette est donnée pour un entremets mais étant donné que les bases se conservent très bien, je vous conseille de les préparer en double : vous pouvez ainsi réaliser deux bagatelles à huit jours d'intervalle par exemple.

PRÉPARATION :
30 MN LA VEILLE
25 MN LE JOUR MÊME

INGRÉDIENTS POUR 6 PERSONNES :
1 GÉNOISE NATURE (RECETTE 6)
1 DL 1/2 DE SIROP
A ENTREMETS AU KIRSCH
(RECETTE 29)
250 G DE CRÈME AU BEURRE
(RECETTE 20)
300 G DE FRAISES FRAICHES

DÉCOR :
150 G DE PATE D'AMANDES
(RECETTE 36)

(OU 300 G SI VOUS EN COUVREZ LES COTÉS) ET 6 GROSSES FRAISES OU 100 G DE GELÉE DE GROSEILLES ET 12 GROSSES FRAISES

MATÉRIEL :

1 MOULE CARRÉ 15 CM DE COTÉ
OU 1 MOULE ⌀ 20 CM
PALETTE, BOL, PINCEAU
DISQUE DE CARTON ⌀ 20 CM
OU CARTON DE 15 CM DE COTÉ
COUTEAU-SCIE
PINCEAU
BROSSE DOUCE
POCHE A DOUILLE CANNELÉE

La génoise et la crème au beurre peuvent être faites la veille. Si vous utilisez des fruits très frais vous pouvez même faire le gâteau entièrement la veille car la crème au beurre conservera bien les fruits.

Si vous préparez la crème au beurre la veille, sortez-la du réfrigérateur 1 h avant de l'utiliser.

Préparez le sirop au kirsch.

Coupez la génoise dans l'épaisseur en 2 fonds égaux avec un couteau-scie. Posez un fond sur un carton de même taille. Imbibez-le de sirop avec un pinceau, étalez à la palette une couche de 3 à 4 mm d'épaisseur de crème au beurre.

Brossez les fraises délicatement avec une brosse douce ou un pinceau et enfoncez-les dans la crème en garnissant le tour avec des fraises tranchées en 2 verticalement (voir photo p. 109). Recouvrez les fraises complètement avec la crème au beurre à l'aide de la palette.

Posez la deuxième couche de génoise et punchez-la de sirop au kirsch. Masquez complètement de crème au beurre, si vous couvrez tout le bagatelle de pâte d'amandes, sinon ne masquez que la surface.

Décor : Si vous n'avez pas de pâte d'amandes, enrobez de gelée de groseille les 12 grosses fraises du décor et posez-les sur le dessus du gâteau. Nappez encore une fois toute la surface de gelée de groseille.

Avec de la pâte d'amandes : (que vous pouvez travailler la veille avec le colorant), deux présentations possibles : ou bien vous ne recouvrez que la surface du bagatelle avec l'abaisse de pâte d'amandes, ceci si les fraises apparentes sont belles, ou bien vous recouvrez complètement le gâteau (surface et côtés).

Décorez la surface de rosaces de crème au beurre avec une poche à douille cannelée ou bien d'une torsade de pâte d'amandes bicolore (voir photo p. 67) et posez quelques belles fraises collées avec un peu de crème au beurre et lustrées avec un peu de gelée passée au pinceau. Mettez au froid avant de servir. Dégustez le jour même ou le lendemain.

Sur la photo, un décor en sucre filé a été réalisé par Philippe Rousselet.

65

BISCUIT DE L'ONCLE TOM

Ce gâteau peut être servi avec le thé ou en dessert, seul ou accompagné d'une sauce à la vanille. Je vous conseille d'en préparer deux à la fois.

PRÉPARATION : 15 MN

CUISSON : 50 MN

INGRÉDIENTS POUR 2 GATEAUX
DE 6 PERSONNES CHACUN :

100 G DE CHOCOLAT A CROQUER
50 G DE BEURRE ET 20 G
POUR LES MOULES
20 G DE FARINE
20 G DE FÉCULE
180 G DE SUCRE SEMOULE
5 JAUNES D'ŒUFS
5 BLANCS D'ŒUFS
+ 20 G DE SUCRE SEMOULE
SUCRE GLACE POUR LE DÉCOR

MATÉRIEL :

2 MOULES A GÉNOISE ⌀ 20 CM
ET 4 CM DE HAUT
2 DISQUES DE PAPIER
POUR LES FONDS DES MOULES
BOL ET FOUET ÉLECTRIQUE
CASSEROLE ET BAIN-MARIE
SPATULE

Beurrez les moules et posez les disques de papier dans le fond. Saupoudrez les bords de farine pour obtenir un biscuit bien lisse au démoulage. Faites fondre le chocolat au bain-marie et le beurre dans une petite casserole. Fouettez les jaunes d'œufs avec le sucre jusqu'à ce que le mélange blanchisse. Incorporez-y le beurre fondu.

Chauffez le four à 200° (th. 6).

Montez les blancs en neige ferme en ajoutant 20 g de sucre à mi-parcours.

Versez le mélange jaunes d'œufs, sucre et beurre sur le chocolat fondu tiède et incorporez-le en fouettant, puis ajoutez la farine et la fécule avec délicatesse. Versez cet appareil sur les blancs fermes et mélangez délicatement et rapidement avec la spatule.

Le mélange ne doit pas attendre.

Garnissez les moules jusqu'aux 3/4 de leur hauteur.

Cuisez à 200° (th. 6) pendant 1 mn puis à 180° (th. 5) pendant 50 mn en maintenant le four entrouvert avec une cuiller.

Démoulez tiède et saupoudrez de sucre glace en utilisant un cache en papier pour former un décor de votre choix (étoile, cœur, cercle, lettre).

Conservation : 2 à 3 jours au frais bien emballé.

Bagatelle aux fraises (recette page 106)

66
BISCUITS ROULÉS

PRÉPARATION :

BISCUIT ROULÉ : 15 MN
GARNITURE : 15 A 25 MN

INGRÉDIENTS POUR 10 PERSONNES :

1 PLAQUE DE BISCUIT ROULÉ (RECETTE 2) 1 DL 1/2 DE SIROP A ENTREMETS AU CHOIX ET UNE GARNITURE AU CHOIX :

1. SOIT 400 G DE CRÈME PATISSIÈRE (RECETTE 24) ET 200 G DE FRUITS AU SIROP (PÊCHES, POIRES, CERISES, ANANAS, ABRICOTS, MIRABELLES)
2. SOIT UN APPAREIL A BAVAROIS (RECETTE 33) FAIT AVEC 1/4 DE LITRE DE LAIT
3. SOIT 500 G DE MOUSSE AU CHOCOLAT (RECETTE 30)

109

4. soit 500 g de confiture

5. soit 500 g de crème
   au beurre parfumée
   selon votre gout
   (recettes 20 a 23)

MATÉRIEL :

PALETTE
PLAT LONG
POCHE A DOUILLE DENTELÉE
PINCEAU

Dès que le biscuit est décollé de son support, punchez le côté qui était collé avec le sirop à entremets, à l'aide du pinceau. Puis garnissez-le à l'aide de la palette avec la préparation choisie en une couche bien uniforme.

Si vous employez de la crème pâtissière, incorporez-y les fruits coupés en tranches fines.

Roulez le biscuit bien serré et servez-le tel quel ou bien décoré.

Décor : A l'aide de la poche à douille dentelée, masquez complètement le biscuit de crème au beurre ou de mousse au chocolat pour ces deux variantes. Pour les trois autres variantes, recouvrez complètement le biscuit de 100 g d'abricotage ou de nappage pâtissier, étalé au pinceau.

Servez-le tel quel s'il est garni de l'appareil à bavarois.

Si le biscuit est garni de confiture ou de crème pâtissière, couvrez le nappage de 100 g d'amandes effilées, saupoudrez de 50 g de sucre glace, et passez au gril 1 à 2 mn en surveillant attentivement la couleur.

Mettez au frais jusqu'au moment de servir.

Conservation : Les biscuits garnis de crème pâtissière, d'appareil à bavarois et de mousse au chocolat doivent être dégustés dans les 48 h. Les biscuits garnis de confiture ou de crème au beurre peuvent attendre 4 jours au réfrigérateur.

67

BUCHE FRAISIER

Photo page 112

C'est un biscuit roulé décoré de meringue italienne.

PRÉPARATION :
BISCUIT ROULÉ : 15 mn
20 mn le jour même
CUISSON : 10 mn

INGRÉDIENTS pour 10 personnes :

1 plaque de biscuit roulé
(recette 2)
500 g de confiture de fraises

1 DL 1/2 DE SIROP
A ENTREMETS AU KIRSCH
(RECETTE 29)
MERINGUE ITALIENNE :
4 BLANCS D'ŒUFS
250 G DE SUCRE SEMOULE
50 G DE SUCRE GLACE
SUJETS EN PATE D'AMANDES
(RECETTE 36)
CHAMPIGNONS EN MERINGUE SUISSE
(RECETTE 8)

MATÉRIEL :

PALETTE, PINCEAU
PETITE CASSEROLE,
BOL ET FOUET
GRIL, PLAT LONG, POUDRETTE
THERMOMÈTRE A SUCRE
(FACULTATIF)

Faites le biscuit roulé, décollez-le de son support et laissez-le refroidir. Préparez le sirop à entremets et laissez-le refroidir.

Préparez la meringue italienne :

Montez les blancs en neige ferme en ajoutant 2 cuillerées à café de sucre semoule à mi-parcours pour les soutenir.

Mouillez le reste du sucre semoule avec 4 cuillerées à soupe d'eau et faites cuire jusqu'au boulé (120°) (une goutte de ce sucre prise avec une cuiller et que l'on fait tomber dans un bol d'eau froide forme une boule). Versez rapidement le sucre cuit sur les blancs fermes en le faisant couler entre les bords du bol et le fouet. Fouettez à petite vitesse jusqu'à refroidissement (10 mn).

Chauffez le four à 240° (th. 8-9). Punchez et garnissez le biscuit en suivant les conseils de la page 110.

Enrobez entièrement le biscuit avec cette meringue à l'aide de la palette en formant une couche un peu irrégulière d'1 cm d'épaisseur environ.

Saupoudrez de sucre glace. Tracez des stries dans la longueur à l'aide d'une fourchette mouillée. Votre bûche est alors formée.

Cuisez à four 240° (th. 8-9) pendant 10 mn environ, pour durcir la meringue et la colorer. Arrêtez la cuisson au bout de 5 mn si la coloration est déjà obtenue et laissez la bûche encore 5 mn dans le four éteint.

Laissez refroidir et décorez de sujets de pâte d'amandes (recette 36) et de champignons en meringue suisse (recette 8).

Conservation : 4 jours au réfrigérateur.

Page 112 : Bûche fraisier (recette page 110)

Page 113 : Bûche au café (recette page 114)

68

BUCHE AU CAFÉ

Photo page 113

PRÉPARATION :

BISCUIT ROULÉ : 15 MN
30 MN LE JOUR MÊME

TEMPS DE REPOS : 1 H

MATÉRIEL :

PLAQUE DU FOUR
POCHE A DOUILLE DENTELÉE
BOL, FOUET, TAMIS

INGRÉDIENTS POUR 10 PERSONNES :

1 PLAQUE DE BISCUIT ROULÉ
(RECETTE 2)
500 G DE BEURRE
250 G DE MERINGUE FRANÇAISE
(RECETTE 7)
2 CUILLERÉES A CAFÉ D'EXTRAIT
DE CAFÉ 1 DL 1/2 DE SIROP
A ENTREMETS AU CAFÉ
(RECETTE 29)
100 G DE PATE D'AMANDES
VERT TENDRE (RECETTES 36)
10 CHAMPIGNONS EN MERINGUE
SUISSE (RECETTE 8)

Sortez le beurre du réfrigérateur 1 h à l'avance.

Faites le biscuit roulé, décollez-le de son support et laissez-le refroidir.

Préparez le sirop à entremets et laissez-le refroidir.

Préparez la meringue.

Dans le bol mélangeur, fouettez le beurre pommade à petite vitesse. Travaillez-le bien pour qu'il soit léger. Incorporez-y le café et en dernier la meringue.

Punchez le biscuit refroidi avec le sirop au café à l'aide du pinceau. Étalez la mousse au café sur toute la surface avec la palette après en avoir réservé 1/4 pour le décor.

Roulez le biscuit bien serré et mettez au froid 1 h.

Décor : Coupez 2 tranches en biseau, de 2 cm d'épaisseur environ. Posez-les sur le tronc en les décalant pour figurer 2 branches sciées. Avec une poche à douille dentelée, couvrez complètement le biscuit avec le reste de mousse au café pour imiter l'écorce. Décorez de petits champignons en meringue suisse et de feuilles de houx découpées dans la pâte d'amandes colorée en vert. Passez le reste de pâte d'amandes au tamis pour imiter la mousse sur la bûche. On peut également ajouter des personnages en pâte d'amandes et recouvrir les 2 bouts et les branches de tranches fines de pâte d'amandes roulée. Mettez au froid jusqu'au moment de servir.

Conservation : 3 à 4 jours.

69

BUCHE AU CHOCOLAT

C'est une génoise au chocolat, parfumée à la vanille ou au rhum et garnie de mousse au chocolat.

PRÉPARATION : 30 MN

CUISSON : 7 A 8 MN

TEMPS DE REPOS : 1 H

INGRÉDIENTS POUR 10 PERSONNES :

POUR LA GÉNOISE :
140 G DE SUCRE SEMOULE
4 ŒUFS
100 G DE FARINE
15 G DE CACAO AMER EN POUDRE
(3 CUILLERÉES A SOUPE)
35 G DE BEURRE
3 G DE LEVURE CHIMIQUE
35 G DE FÉCULE
750 G DE MOUSSE AU CHOCOLAT
(RECETTE 30)

100 G DE PATE D'AMANDES
VERT TENDRE (RECETTE 36)
5 CHAMPIGNONS
EN MERINGUE SUISSE (RECETTE 8)
1 DL 1/2 DE SIROP A
ENTREMETS AU RHUM
OU A LA VANILLE (RECETTE 29)

MATÉRIEL :

TAMIS
PLAQUE DU FOUR
PAPIER BLANC
BOL ET FOUET
CASSEROLE DE 1/2 LITRE
PALETTE, PINCEAU
POCHE A DOUILLE DENTELÉE

Chauffez le four à 220°/240° (th. 7-8).

Suivez les explications de la recette 6 pour préparer la génoise avec les quantités données ci-dessus, mais passez au tamis avec la farine, le cacao, la levure et la fécule et incorporez le tout dans la *masse 1*. Continuez comme la recette de base.

Étalez cette pâte sur la plaque du four, recouverte de papier blanc sur une épaisseur uniforme de 2 cm environ à l'aide de la palette.

Cuisez à 220º/240º (th. 7-8) pendant 7 à 8 mn et dès la sortie du four, ôtez le biscuit de la plaque de cuisson pour éviter qu'il ne se dessèche. Préparez le sirop à entremets à la vanille ou au rhum suivant votre goût.

Préparez la mousse au chocolat. Réservez-en 200 g pour le décor. Décollez la génoise de son support en la retournant sur le plan de travail et en mouillant le papier à l'eau avec un pinceau. Laissez-la refroidir en la couvrant d'un linge.

Punchez le côté du biscuit qui était collé à l'aide du pinceau.

Étalez la mousse au chocolat sur toute la surface de la génoise à l'aide de la palette. Roulez le biscuit bien serré et mettez au froid 1 h.

Décor : Coupez 2 tranches en biseau, de 2 cm d'épaisseur environ. Posez-les sur le tronc en les décalant pour figurer 2 branches sciées. Avec une poche à douille dentelée, couvrez complètement le biscuit avec le reste de la mousse au chocolat pour imiter l'écorce. Décorez de petits champignons en meringue suisse et de feuilles de houx découpées dans la pâte d'amandes colorée en vert. Passez le reste de la pâte d'amandes au tamis pour imiter la mousse sur la bûche. On peut également ajouter des personnages en pâte d'amandes et recouvrir les 2 bouts et les branches de tranches fines de pâte d'amandes roulée. Mettez au froid jusqu'au moment de servir.

Conservation : 48 h au frais.

70

BUCHE AUX MARRONS

PRÉPARATION : 30 MN
TEMPS DE REPOS : 1 H

INGRÉDIENTS POUR 10 PERSONNES :
1 PLAQUE DE BISCUIT ROULÉ (RECETTE 2)
100 G DE DÉBRIS DE MARRONS CONFITS
600 G DE PATE DE MARRONS

300 G DE BEURRE
1 DL DE RHUM (FACULTATIF)
1 DL 1/2 DE SIROP A ENTREMETS AU RHUM OU A LA VANILLE (RECETTE 29)

DÉCOR :

100 G DE PATE D'AMANDES
(RECETTE 36)
10 CHAMPIGNONS EN MERINGUE
SUISSE (RECETTE 8)

MATÉRIEL :

BOL ET FOUET
POCHE ET DOUILLE DENTELÉE
PINCEAU
CUL-DE-POULE ET BAIN-MARIE

Faites le biscuit roulé, décollez-le de son support et laissez-le refroidir, recouvert d'un linge.

Préparez le sirop à entremets au rhum ou à la vanille suivant votre goût. Dans un cul-de-poule, mélangez la pâte de marrons, le beurre pommade et le rhum (éventuellement). Vous pouvez opérer dans un bain-marie tiède pour que le mélange se fasse plus rapidement. Dès que la masse est homogène, fouettez-la à petite vitesse pendant 10 mn pour la rendre lisse et légère. Réservez-en 1/3 pour le décor.

Punchez le biscuit de sirop à entremets à l'aide d'un pinceau. Étalez la crème sur toute la surface en une couche bien uniforme avec la palette. Répartissez les débris de marrons confits à la surface. Roulez bien serré. Mettez au froid 1 h.

Décor : Coupez 2 tranches en biseau, de 2 cm d'épaisseur environ. Posez-les sur le tronc en les décalant pour figurer 2 branches sciées. Avec une poche à douille dentelée, couvrez complètement le biscuit avec le reste de crème de marrons pour imiter l'écorce. Décorez de petits champignons en meringue suisse et de feuilles de houx découpées dans la pâte d'amandes colorée en vert. Passez le reste de la pâte d'amandes au tamis pour imiter la mousse sur la bûche. On peut également ajouter des personnages en pâte d'amandes et recouvrir les 2 bouts et les branches de tranches fines de pâte d'amandes roulée. Mettez au froid jusqu'au moment de servir.

Conservation : 3 ou 4 jours au frais.

71

CHATAIGNERAIE

C'est une recette de famille qui exige beaucoup de patience mais qui est particulièrement appréciée par les enfants. Ce dessert est très riche.

PRÉPARATION : 45 MN

TEMPS DE REPOS : 1 H 30

CUISSON : ENVIRON 30 MN

INGRÉDIENTS POUR 8 PERSONNES :

400 G DE CHATAIGNES ÉPLUCHÉES
1/2 LITRE DE LAIT
1 GOUSSE DE VANILLE
2 A 5 CUILLERÉES A SOUPE
DE RHUM VIEUX
200 G DE BEURRE FIN
150 G DE SUCRE EN POUDRE
400 G DE GLAÇAGE AU CHOCOLAT
(RECETTE 27)
SUCRE GLACE

MATÉRIEL :

MOULE A CAKE, FOUET
PAPIER D'ALUMINIUM
MOULIN A LÉGUMES
GRILLE FINE, SPATULE
POUDRETTE, PALETTE

Sortez le beurre du réfrigérateur 1 h à l'avance.

Épluchez les châtaignes. Faites-les cuire pendant 30 mn environ dans le lait avec la gousse de vanille fendue. Passez-les au moulin à légumes avec la grille fine en y incorporant tout ou partie du lait pour obtenir une pâte épaisse. On utilise plus ou moins de lait suivant la consistance des châtaignes. Laissez refroidir à température ambiante. Ajoutez le rhum, selon votre goût.

Dans un bol, fouettez le beurre ramolli et le sucre jusqu'à ce que le sucre soit bien fondu dans le beurre puis incorporez les châtaignes à la spatule. Garnissez l'intérieur d'un moule à cake de papier d'aluminium. Remplissez avec le mélange et mettez au froid 1 h.

Préparez un glaçage au chocolat assez épais et recouvrez le gâteau à l'aide d'une palette avec la moitié du glaçage. Laissez refroidir au réfrigérateur et recommencez l'opération avec le reste de glaçage.

Décor : Avec les dents d'une fourchette faites un décor imitant l'écorce. Saupoudrez irrégulièrement de sucre glace pour imiter la neige.

Conservation : 8 jours au réfrigérateur.

72

CONCORDE

Photo page 121

De la mousse au chocolat entre trois épaisseurs de meringue au chocolat, décorée de doigts de fée.

PRÉPARATION : 40 MN   CUISSON : 1 H 5

TEMPS DE REPOS : 1 H AU FROID

MATÉRIEL :

INGRÉDIENTS POUR 10 PERSONNES :

MERINGUE FRANÇAISE
AU CHOCOLAT :
5 BLANCS D'ŒUFS
150 G DE SUCRE GLACE
35 G DE CACAO AMER EXTRA
EN POUDRE
(OU 60 G DE CACAO SUCRÉ
ET 110 G DE SUCRE GLACE)
150 G DE SUCRE SEMOULE

MOUSSE AU CHOCOLAT
(RECETTE 30)
FAITE AVEC 4 BLANCS D'ŒUFS
DÉCOR DE DOIGTS DE FÉE
EN MERINGUE FRANÇAISE COMPRIS
DANS LES INGRÉDIENTS DONNÉS
CI-DESSUS

TAMIS
POCHE A DOUILLE ∅ 1 CM
ET DOUILLE ∅ 0,3 CM
BOL ET FOUET ÉLECTRIQUE
SPATULE DE BOIS
PLAQUES DU FOUR
PAPIER SILICONÉ
POUDRETTE, PALETTE
CARTON OVALE DE 26 × 14 CM

Mélangez le cacao en poudre avec le sucre glace en les passant au tamis. Fouettez les blancs en neige ferme pendant 5 mn environ en incorporant à mi-parcours 20 g de sucre pour les soutenir. Dès que les blancs sont montés, ajoutez le sucre semoule en fouettant à petite vitesse puis avec la spatule incorporez rapidement le mélange cacao-sucre glace.

Chauffez le four à 150° (th. 4.)

Beurrez les plaques du four et farinez-les ou recouvrez-les de papier siliconé fixé par 4 noisettes de pâte. Dessinez 3 ovales de 26 × 14 cm environ sur les plaques et dressez les 3 fonds de meringue au chocolat en suivant les schémas à l'aide de la poche à douille ∅ 1 cm. Puis prenez une douille plus petite ∅ 0,3 cm, et dressez le reste de meringue en bandes longues et étroites en évitant qu'elles ne se touchent (voir photo 11, p. 33).

Faites cuire à 150° (th. 4) pendant 1 h 5 mn. Surveillez après 15 mn de cuisson, car la meringue ne doit pas roussir. Changez éventuellement la plaque de place pour obtenir une cuisson plus régulière. Les doigts de fée (bandes de meringue fines) seront prêts les premiers. Comptez 10 mn de plus pour les fonds qui doivent pouvoir se détacher facilement de la plaque sinon ils ne sont pas assez cuits. Le dessous ne doit pas être collant.

La préparation des fonds et des doigts de fée peut être faite plusieurs jours à l'avance.

Pendant la cuisson préparez la mousse au chocolat.

Montage du gâteau : Posez un fond de meringue refroidi sur un carton de même forme, étalez une couche de mousse au chocolat à l'aide de la palette, puis posez le deuxième fond, une seconde couche de mousse et le dernier fond. Masquez complètement le gâteau avec le reste de mousse. Découpez des doigts de fée dans les bandes de meringue (bâtonnets de 1 cm environ). Couvrez-en la surface et le tour du gâteau. Mettez au froid 1 h. Saupoudrez de sucre glace en utilisant un cache de carton pour laisser une bande centrale foncée.

Conservation : Les fonds de meringue et les doigts de fée se conservent 15 jours au sec bien emballés. Le gâteau terminé se conserve 48 h au frais.

73

COTE-D'IVOIRE

C'est une génoise au chocolat parfumée au rhum et garnie de Chantilly, la génoise peut être préparée la veille.

PRÉPARATION : 30 MN

CUISSON : 30 MN

TEMPS DE REPOS : 1 H MINIMUM

INGRÉDIENTS POUR 8 PERSONNES (RECETTE 6) :

3 ŒUFS (1/8 DE LITRE)
80 G DE SUCRE SEMOULE
60 G DE FARINE
10 G DE CACAO AMER EN POUDRE (2 CUILLERÉES A SOUPE)
20 G DE BEURRE
1 CUILLERÉE A CAFÉ DE LEVURE CHIMIQUE
20 G DE FÉCULE
10 G DE CACAO AMER EN POUDRE POUR LE DÉCOR
2 DL DE SIROP A ENTREMETS AU RHUM (RECETTE 29)
350 G DE CHANTILLY AU CHOCOLAT (RECETTE 14)

MATÉRIEL :

TAMIS OU PASSOIRE FINE
BOL ET FOUET
MOULE A GÉNOISE
CERCLE DE MÉTAL OU DE CARTON ⌀ 20 CM ET DE 5 CM DE HAUTEUR
PALETTE
POUDRETTE
PINCEAU
COUTEAU-SCIE

Choisissez les œufs de telle façon que leur volume soit égal à 1/8 de litre. Trois œufs peuvent en effet être d'un volume nettement

Concorde (recette page 118)

inférieur ou supérieur, ce qui fausserait le rapport des quantités dans cette recette.
Chauffez le four à 180° (th. 5.)
Suivez les explications de la recette 6 pour préparer la génoise avec les quantités données ci-dessus mais passez au tamis avec la farine, le cacao, la levure et la fécule et incorporez le tout dans la *masse 1*. Continuez comme la recette de base.
Versez la pâte dans le moule beurré et mettez sans attendre au four. Cuisez à 180° (th. 5) pendant 30 mn.
Démoulez chaud. Pendant la cuisson, préparez le sirop à entremets au rhum. Laissez-le refroidir et préparez la Chantilly au chocolat.

Montage du gâteau : Coupez la génoise dans l'épaisseur en trois tranches égales avec un couteau-scie. Posez un fond de génoise dans le cercle de métal ou de carton. Punchez-le au sirop au rhum à l'aide du pinceau, couvrez-le d'une couche de Chantilly étalée à la palette. Posez un deuxième fond, punchez-le, couvrez-le de crème et recouvrez du troisième fond que vous punchez. Terminez par une épaisse couche de Chantilly lissée à ras bord du moule à la palette trempée dans l'eau chaude.
Saupoudrez abondamment de cacao amer et mettez au froid 1 h. Démoulez en passant une éponge humide chaude sur l'extérieur du cercle de métal. Si vous avez employé un cercle de carton, décollez-le en vous aidant d'un couteau et lissez le tour du gâteau à la palette.

Décor : Dessinez 8 rayons sur le gâteau avec le tranchant de la palette dans le cacao amer.
Laissez au frais jusqu'au moment de servir.

Conservation : 24 h maximum au réfrigérateur.

74

FRAISIER

Photo page 125

C'est un gâteau à la confiture parfumé au kirsch. Une très bonne recette pour un dessert d'hiver sans crème.

PRÉPARATION : 30 MN LA VEILLE
20 MN LE JOUR MÊME

CUISSON : AU GRIL
QUELQUES SECONDES

INGRÉDIENTS POUR 8 PERSONNES :

1 GÉNOISE NATURE (RECETTE 6)
⌀ 20 CM
300 G DE MERINGUE FRANÇAISE
(RECETTE 7)

1 DL 1/2 DE SIROP A ENTREMETS AU KIRSCH (RECETTE 29)
350 G DE CONFITURE DE FRAISES ENTIÈRES
50 G D'AMANDES EFFILÉES

MATÉRIEL :

DISQUE DE CARTON ∅ 22 CM
PALETTE
POCHE A DOUILLE ∅ 1 CM
PINCEAU
MOULE A GÉNOISE ∅ 20 CM
COUTEAU-SCIE

Préparez la génoise la veille de préférence.
Le jour de la préparation, faites la meringue française et le sirop à entremets au kirsch. Laissez refroidir.
Coupez la génoise dans l'épaisseur en 2 parties avec un couteau-scie. Punchez-les de sirop à l'aide du pinceau.
Posez un fond de génoise sur le disque de carton légèrement plus grand. Dressez un cercle de meringue sur le tour du fond de génoise avec la poche à douille. Remplissez le centre avec toute la confiture étalée à la palette. La confiture est retenue par le cercle de meringue et ne peut couler. Recouvrez avec la deuxième moitié de génoise. Masquez complètement le gâteau avec le reste de meringue à l'aide de la palette sur 1 cm d'épaisseur (le socle de carton qui dépasse vous guidera).
Parsemez toute la surface d'amandes effilées, passez au gril quelques secondes, le temps de colorer la meringue sans la roussir. Servir tiède.

Conservation : 24 h au frais.

75

GATEAU DE MADAME

C'est une génoise au chocolat garnie de Chantilly à la vanille et recouverte de copeaux de chocolat. La génoise peut être faite la veille.

PRÉPARATION : 30 MN
CUISSON : 30 MN
TEMPS DE REPOS : 1 H

INGRÉDIENTS POUR 8 PERSONNES :

GÉNOISE : 3 ŒUFS (1/8 DE LITRE) (RECETTE 6)
80 G DE SUCRE SEMOULE
60 G DE FARINE
10 G DE CACAO AMER (2 CUILLERÉES A SOUPE)
20 G DE BEURRE

1 CUILLERÉE A CAFÉ DE LEVURE
CHIMIQUE
20 G DE FÉCULE
100 G DE CHOCOLAT
A CROQUER
EN TABLETTE POUR LE DÉCOR
2 DL DE SIROP A ENTREMETS
(RECETTE 29) AU KIRSCH
OU A LA VANILLE
250 G DE CHANTILLY (RECETTE 13)
3 CUILLERÉES A SOUPE DE CRÈME
PATISSIÈRE (RECETTE 24)
(FACULTATIF)

MATÉRIEL :

MOULE A GÉNOISE ∅ 20 CM
DISQUE DE CARTON
DE MÊME DIAMÈTRE,
TAMIS, PALETTE, BOL, FOUET
ÉPLUCHE-LÉGUMES
COUTEAU-SCIE
PINCEAU

Choisissez les œufs de telle façon que leur volume soit égal à 1/8 de litre. Trois œufs peuvent en effet être d'un volume nettement infé-rieur ou supérieur, ce qui fausserait le rapport des quantités dans cette recette.

Chauffez le four à 180º (th. 5).

Suivez les explications de la recette 6 pour préparer la génoise avec les quantités données ci-dessus mais passez au tamis, avec la farine, le cacao, la levure et la fécule et incorporez le tout dans la *masse 1*. Continuez comme la recette de base.

Versez la pâte dans le moule beurré et mettez sans attendre au four. Cuisez à 180º (th. 5) pendant 30 mn. Démoulez chaud.

Préparez le sirop à entremets. Parfumez-le au kirsch ou à la vanille si vous préparez ce dessert pour des enfants.

Préparez la Chantilly et si vous avez un peu de crème pâtissière, je vous conseille d'incorporer 1/4 de la Chantilly à cette crème, puis de mélanger le reste de Chantilly.

Montage du gâteau :

Coupez la génoise dans l'épaisseur en 4 tranches égales avec un couteau-scie. Pour cela aidez-vous de réglettes de carton comme pour abaisser le feuilletage (voir photo 4, p. 24).

Posez un fond de génoise sur le disque de carton, punchez-le de sirop à l'aide du pinceau, couvrez-le d'une couche de Chantilly étalée à la palette et recommencez l'opération jusqu'à la dernière tranche de génoise.

Masquez complètement le gâteau avec le reste de crème. Mettez au froid 1 h.

Décor : Couvrez tout le gâteau de copeaux de chocolat râpé sur une tablette avec le couteau épluche-légumes. Mettez au réfrigérateur en attendant de servir.

Conservation : Une journée au frais.

Fraisier (recette page 122)

76

GATEAU MEXICAIN

C'est une génoise au café garnie de crème légère au café et aux noisettes.

PRÉPARATION : 1 H DONT 30 MN POUR LA GÉNOISE

TEMPS DE REPOS : 1 H

INGRÉDIENTS POUR 8 PERSONNES :

1 GÉNOISE DE 8 PERSONNES (RECETTE 6) PARFUMÉE AVEC 2 CUILLERÉES A CAFÉ D'EXTRAIT DE CAFÉ CRÈME PATISSIÈRE AU CAFÉ FAITE AVEC 1/4 DE LITRE DE LAIT (RECETTE 25) CHANTILLY FAITE AVEC 300 G DE CRÈME FRAICHE (RECETTE 13)

100 G DE NOISETTES ENTIÈRES 2 DL 1/2 DE SIROP A ENTREMETS AU CAFÉ

MATÉRIEL :

MOULE A GÉNOISE ⌀ 20 CM DISQUE DE CARTON DE MÊME DIAMÈTRE PALETTE, PINCEAU POCHE A DOUILLE CANNELÉE COUTEAU-SCIE PILON OU HACHOIR

Faites la génoise la veille en incorporant l'extrait de café juste avant la farine.
Préparez le sirop à entremets et la crème pâtissière au café. Montez la Chantilly et réservez-en environ deux tasses à café dans un récipient fermé au frais pour le décor.
Faites griller les noisettes entières. Réservez-en 20 pour le décor et hachez les autres.
Coupez la génoise dans l'épaisseur en 3 tranches égales avec un couteau-scie. Posez la première tranche sur le disque de carton. Punchez-la de sirop à l'aide du pinceau.
Incorporez une tasse à café de Chantilly à la crème pâtissière froide pour l'alléger, puis les noisettes hachées. Recouvrez la tranche de génoise avec la totalité de cette crème étalée à la palette. Posez la deuxième tranche de génoise, punchez-la, recouvrez-la avec le reste de Chantilly. Posez la dernière tranche de génoise et punchez-la.
Masquez complètement le gâteau avec la Chantilly gardée au frais étalée à la palette après en avoir réservé un peu pour le décor. Mettez au froid 1 h.

Décor : Faites un décor de rosaces de Chantilly dressées à la poche à douille cannelée et de noisettes entières.

77

GATEAU DE PAQUES AU FROMAGE BLANC

Photo page 129

C'est une génoise garnie d'une crème légère au fromage blanc et décorée de cerises au sirop, de fraises ou framboises fraîches.

PRÉPARATION : 30 MN LA VEILLE
20 MN LE JOUR MÊME
TEMPS DE REPOS : 3 H

MATÉRIEL :

DISQUE DE CARTON ∅ 20 CM
BOL ET FOUET ÉLECTRIQUE
PINCEAU, PALETTE
POCHE A DOUILLE CANNELÉE ∅ 1 CM
COUTEAU-SCIE

INGRÉDIENTS POUR 8 PERSONNES :

1 GÉNOISE ∅ 20 CM
(RECETTE 6)
50 G DE SUCRE SEMOULE
75 G DE FROMAGE BLANC
250 G DE CHANTILLY
(RECETTE 13)
200 G DE CONFITURE
DE FRAMBOISES AVEC PÉPINS
50 G DE GELÉE DE FRAMBOISES
OU DE CONFITURE SANS FRUITS ENTIERS
40 CERISES CONFITES OU AU SIROP
OU 200 G DE FRAISES
OU FRAMBOISES FRAICHES
SUIVANT LA SAISON

SIROP : FAIT AVEC 200 G DE SUCRE
ET QUELQUES GOUTTES DE VANILLE
LIQUIDE OU 1/2 DL DE KIRSCH

Préparez la génoise la veille. Le jour de la préparation coupez-la en 2 dans l'épaisseur avec un couteau-scie.

Préparez le sirop en faisant bouillir 1 dl 1/2 d'eau avec le sucre, puis ajoutez la vanille (ou le kirsch) et laissez refroidir.

Montez la Chantilly. (Mettez-en au frais 3 grosses cuillerées à soupe pour lisser le tour à la fin.)

Mélangez le sucre et le fromage blanc, puis incorporez la Chantilly délicatement.

Punchez les fonds de génoise de sirop à l'aide du pinceau.

Posez le premier fond de génoise sur le disque de carton. Étalez toute la confiture de framboises à la palette puis une couche de 2 cm de crème au fromage blanc.

127

Posez le deuxième fond de génoise. Recouvrez complètement le gâteau avec la crème au fromage blanc, lissez la surface et le tour avec la palette puis dressez un cercle de cette crème à l'aide de la poche à douille cannelée sur le bord du gâteau (voir photo p. 129). Mettez au froid pendant 3 h environ. Lissez à nouveau le tour en utilisant le reste de crème. Réservez au frais. Le gâteau étant bien froid, la présentation est ainsi plus jolie.

Décor :
Rangez les cerises ou les fruits frais à l'intérieur du cercle de crème. Nappez les fruits de confiture ou de gelée à l'aide d'une cuiller pour ne pas les déplacer.
On peut aussi ne pas décorer de fruits et saupoudrer simplement la crème de sucre glace.
Mettez au frais avant de servir et dégustez dans la journée.

78

MARLY AUX FRAMBOISES

Un gâteau parfumé au kirsch garni de crème au beurre et de framboises fraîches.

PRÉPARATION : 30 MN LA VEILLE
25 MN LE JOUR MÊME

TEMPS DE REPOS : 1 H

INGRÉDIENTS POUR 8 PERSONNES :

1 GÉNOISE (RECETTE 6) Ø 20 CM
200 G DE CRÈME AU BEURRE (RECETTE 20)
250 G DE FRAMBOISES FRAICHES
75 G DE CONFITURE DE FRAMBOISES
1/2 CUILLERÉE A CAFÉ DE KIRSCH
SIROP A ENTREMETS AU KIRSCH (RECETTE 29)
300 G DE PATE D'AMANDES ROSE CLAIR (RECETTE 36)

MATÉRIEL :

PALETTE
POCHE A DOUILLE Ø 1 CM
DISQUE DE CARTON Ø 20 CM
COUTEAU-SCIE

Faites la génoise la veille.
Le jour de la préparation, faites le sirop à entremets et laissez-le refroidir. Préparez la crème au beurre.

Gâteau de Pâques au fromage blanc (recette page 127)

Montage du gâteau : Coupez la génoise dans l'épaisseur en 2 tranches égales avec un couteau-scie. Posez une tranche sur le disque de carton. Punchez-la de sirop au kirsch avec le pinceau.

Étalez une fine couche de crème au beurre à l'aide de la palette puis dressez à la poche à douille un cercle de crème sur le bord. Remplissez le centre avec les framboises bien serrées (après en avoir réservé 10 pour le décor). Avec le pinceau, nappez de confiture de framboises à laquelle vous aurez mélangé le kirsch.

Recouvrez de la deuxième tranche de génoise. Punchez-la. Masquez complètement le gâteau d'une épaisse couche de crème au beurre (après en avoir réservé 50 g pour le décor). Mettez au froid 1 h.

Décor : Abaissez la pâte d'amandes et recouvrez-en complètement le gâteau. Avec une noisette de crème au beurre, collez quelques bouquets de framboises sur le dessus.

79

MARQUISE AU CHOCOLAT

C'est une génoise fourrée de crème pâtissière au chocolat particulièrement appréciée des enfants.

PRÉPARATION : 30 MN LA VEILLE
25 MN LE JOUR MÊME

TEMPS DE REPOS : 1 H

INGRÉDIENTS POUR 8 PERSONNES :

1 GÉNOISE ⌀ 20 CM (RECETTE 6)
CRÈME PATISSIÈRE AU CHOCOLAT
(RECETTE 26) FAITE AVEC
1/4 DE LITRE DE LAIT
5 CUILLERÉES A SOUPE
DE CHANTILLY POUR LE DÉCOR
ÉVENTUELLEMENT (RECETTE 13)
25 G DE BEURRE
250 G DE GLAÇAGE AU CHOCOLAT
(RECETTE 27)
2 DL 1/2 DE SIROP A ENTREMETS
A LA VANILLE (RECETTE 29)

MATÉRIEL :

COUTEAU-SCIE
PALETTE, PINCEAU
DISQUE DE CARTON ⌀ 20 CM
FOUET, BOL
POCHE A DOUILLE
CANNELÉE ⌀ 0,6 CM
POUDRETTE

Préparez la génoise la veille.
Le jour de la préparation, faites le sirop à entremets. Laissez-le refroidir et faites la crème pâtissière.
Laissez-la refroidir en faisant fondre une noix de beurre à la surface pour qu'elle ne croûte pas.
Montez la Chantilly. Réservez-la au frais.
Coupez la génoise dans l'épaisseur en 3 tranches égales avec un couteau-scie. Posez la première tranche sur le carton. Punchez-la de sirop avec le pinceau puis recouvrez-la d'une couche de crème au chocolat étalée à la palette. Posez la deuxième tranche, punchez-la, recouvrez de crème et terminez par la dernière tranche de génoise que vous punchez.
Fouettez le reste de crème au chocolat avec le beurre pommade et utilisez cette crème pour masquer complètement le gâteau à l'aide de la palette.
Mettez au froid 1 h.

Décor : Préparez le glaçage au chocolat. Nappez-en le gâteau. Faites un décor de Chantilly à la surface du glaçage à l'aide de la poche à douille cannelée.
Ou bien : Saupoudrez le glaçage au chocolat de sucre glace en maintenant un cache au-dessus de l'entremets (cercle ou étoile de carton).
Mettez au frais jusqu'au moment de servir.

Conservation : 48 h au frais.

Variante : Ce dessert peut être fait au café, punché d'un sirop au café, et recouvert d'un fondant café.

80

MARRONNIER

C'est une génoise garnie de marrons et parfumée au rhum.

PRÉPARATION : 30 MN LA VEILLE
20 MN LE JOUR MÊME

TEMPS DE REPOS : 1 H

INGRÉDIENTS POUR 8 PERSONNES :

1 GÉNOISE ∅ 20 CM
(RECETTE 6)
250 G DE PATE DE MARRONS SUCRÉE
75 G DE BEURRE POMMADE
1 CUILLERÉE A CAFÉ DE RHUM
100 G DE MARRONS HACHÉS CONFITS

1 DL 1/2 DE SIROP A ENTREMETS
AU RHUM (RECETTE 29)
8 MARRONS GLACÉS POUR LE DÉCOR
(FACULTATIF)
300 G DE GLAÇAGE AU CHOCOLAT
(RECETTE 27) OU 300 G DE PATE
D'AMANDES VERTE (RECETTE 37)

MATÉRIEL :

MOULE A GÉNOISE ⌀ 20 CM
DISQUE DE CARTON ⌀ 20 CM
BOL, FOUET
PALETTE, PINCEAU, COUTEAU-SCIE

Faites la génoise la veille de préférence.
Le jour de la préparation, faites le sirop à entremets. Laissez-le refroidir.
Fouettez le beurre pommade, la pâte de marrons et le rhum à vitesse moyenne pendant 5 mn pour obtenir une crème légère.
Coupez la génoise dans l'épaisseur en 3 tranches égales avec un couteau-scie. Posez la première tranche sur le disque de carton. Punchez-la de sirop avec le pinceau. Couvrez de crème aux marrons étalée à la palette, parsemez de marrons confits hachés. Posez la deuxième tranche, punchez-la, couvrez de crème et de marrons hachés. Recouvrez avec la troisième tranche que vous punchez.
Masquez complètement le gâteau avec le reste de crème aux marrons à l'aide d'une palette. Mettez au froid 1 h.
Décor : Préparez le glaçage au chocolat. Nappez-en le gâteau ou bien recouvrez-le d'une abaisse de pâte d'amandes verte. Collez les marrons glacés sur le dessus avec une noisette de crème.
Conservation : 3 jours au réfrigérateur.
Le glaçage au chocolat se conserve moins bien que la pâte d'amandes.

81

MERINGUE D'AUTOMNE

Photo page 133

PRÉPARATION : 30 MN

CUISSON : 15 MN

TEMPS DE REPOS : 1 H MINIMUM

INGRÉDIENTS POUR 8 PERSONNES :

3 FONDS DE MERINGUE FRANÇAISE
⌀ 18 CM (RECETTE 7) FAITS
A L'AVANCE

MOUSSE AU CHOCOLAT FAITE
AVEC 125 G DE CHOCOLAT
(RECETTE 30)
150 G DE CHOCOLAT A CROQUER

Meringue d'automne (recette ci-dessus)

MATÉRIEL :

CASSEROLE, BAIN-MARIE
TRIANGLE (GENRE TRIANGLE A MAÇON)
PLAQUE DU FOUR, PALETTE
DISQUE DE CARTON ⌀ 18 CM

Préparez les 3 fonds de meringue éventuellement plusieurs jours à l'avance.
Préparez la mousse au chocolat le jour de l'utilisation.
Posez un fond de meringue sur le disque de carton et couvrez-le de mousse au chocolat étalée à la palette. Posez le deuxième fond, une deuxième couche de mousse après en avoir réservé 100 g pour masquer, et recouvrez avec le dernier fond. Masquez complètement le gâteau avec le reste de la mousse.
Mettez au froid 1 h.

Décor : Faites fondre le chocolat à croquer au bain-marie et étalez-le sur la plaque du four en une couche fine et régulière à l'aide de la palette. Mettez au froid 1 h environ.
Dès la sortie du réfrigérateur faites un essai pour décoller la fine pellicule de chocolat en poussant devant vous le triangle, posé presque horizontalement contre la plaque ; des bandes plissées de 4 à 5 cm de large se forment si le chocolat est à la bonne température.
Si le chocolat est trop froid, il casse. Laissez-le reprendre 5 mn à température ambiante. S'il n'est pas assez froid, les bandes trop molles ne pourront être prises entre les doigts. Dans ce cas repassez au froid.
Pour décorer la surface, essayez d'obtenir des bandes en forme d'éventail. Pour cela, poussez en posant un index sur une extrémité du triangle, la pellicule se plissera davantage de ce côté et les bandes prendront une forme d'éventail (voir photo p. 133).
Décorez d'abord le tour du gâteau avec les bandes les moins plissées, puis disposez les autres sur le dessus pour former une rosace.

Conservation : 24 h au réfrigérateur.

82

MILLEFEUILLE

(préparation et cuisson du feuilletage)

Je vous conseille de déguster les millefeuilles dans l'heure qui suit leur préparation. Cuisez donc le feuilletage à l'avance et garnissez-les au dernier moment. Ces millefeuilles peuvent être découpés soigneusement avec un couteau-scie en dix rectangles, placés dans des caissettes en papier et servis comme petits gâteaux.

PRÉPARATION : 20 MN LA VEILLE
20 MN LE JOUR MÊME
CUISSON : 20 MN × 3

MATÉRIEL :

ROULEAU, PLAQUE DU FOUR

INGRÉDIENTS
POUR 8 A 10 PERSONNES :
650 G DE CHUTES DE FEUILLETAGE CLASSIQUE (RECETTE 3)
OU MIEUX 650 G DE FEUILLETAGE RAPIDE (RECETTE 4)

Feuilletage : Préparez le feuilletage à l'avance de préférence. Sur le plan de travail légèrement fariné, abaissez-le en 3 rectangles de 20 × 30 cm sur 2 mm d'épaisseur. Pour éviter que le feuilletage ne rétrécisse à la cuisson, soulevez la pâte et laissez-la retomber à plusieurs reprises pendant que vous l'abaissez, le rétrécissement se fera alors sur le plan de travail
Pliez les abaisses en 2 et laissez-les reposer au frais au moins 1 h, et si possible toute la nuit.
Sur la plaque du four légèrement mouillée, dépliez une abaisse de pâte et piquez-la abondamment avec une fourchette à dents très fines. Chauffez le four à 220º (th. 7) 15 mn auparavant.
Cuisez à 220º (th. 7) pendant 20 mn. Puis cuisez les 2 abaisses comme la première.

83

MILLEFEUILLE A LA CRÈME PATISSIÈRE

FEUILLETAGE : VOIR RECETTE 82
GARNITURE
POUR 8 A 10 PERSONNES :
500 G DE CRÈME PATISSIÈRE (RECETTE 24)
100 G DE CHANTILLY (RECETTE 13)
50 G DE SUCRE GLACE

MATÉRIEL :

EMPORTE-PIÈCE ∅ 2 CM
EMPORTE-PIÈCE ∅ 3 CM
POUDRETTE

Dans les chutes de feuilletage, découpez 20 cercles de pâte ∅ 3 cm et évidez-les au centre à l'aide d'une douille ∅ 2 cm ou avec un emporte-pièce. Ces anneaux cuisent en 8 mn. Vous pouvez les cuire à côté d'un rectangle de feuilletage sur la plaque du four en les surveillant attentivement.

Après cuisson, choisissez le rectangle le plus réussi qui servira à recouvrir le millefeuille. Retournez-le et saupoudrez abondamment de sucre glace la face non gonflée. Passez au gril pendant 1 mn en surveillant très attentivement car il brûle rapidement.

Préparez la crème pâtissière pendant la cuisson du feuilletage ; laissez-la refroidir.

Fouettez la Chantilly, incorporez-la à la crème pâtissière froide.

Sur le premier rectangle de feuilletage, étalez une couche de crème, posez le deuxième rectangle, une autre couche de crème et terminez en couvrant avec le feuilletage glacé.

Saupoudrez la moitié des anneaux de sucre glace. Vous avez ainsi 10 anneaux blancs et 10 anneaux roux. Disposez-les sur le millefeuille en intercalant un anneau blanc et un anneau roux en formant un décor de votre choix géométrique ou alphabétique... Fixez les anneaux par une pointe de confiture.

84

MILLEFEUILLE VAL-DE-LOIRE

FEUILLETAGE : VOIR RECETTE 82

GARNITURE
POUR 8 A 10 PERSONNES :

200 G DE CONFITURE DE FRAMBOISES AVEC PÉPINS
400 G DE CHANTILLY NATURE (RECETTE 13)
150 G DE SUCRE GLACE

MATÉRIEL :

POCHE A DOUILLE CANNELÉE
POUDRETTE
TIGE PLATE MÉTALLIQUE

Pendant la cuisson des abaisses de feuilletage, montez la Chantilly. Réservez le rectangle de feuilletage le plus régulier pour couvrir le millefeuille.

Sur un premier rectangle étalez toute la confiture de framboises, posez le deuxième rectangle et recouvrez-le de toute la Chantilly à l'aide de la poche à douille cannelée. Couvrez avec le dernier rectangle, saupoudrez de sucre glace et avec une tige métallique rougie à la flamme, dessinez un quadrillage sur le sucre glace.

85

MILLEFEUILLE AUX FRAISES OU AUX FRAMBOISES

FEUILLETAGE : VOIR RECETTE 82

GARNITURE
POUR 8 A 10 PERSONNES :
200 G DE CRÈME PATISSIÈRE (RECETTE 24)
450 G DE FRAISES OU DE FRAMBOISES FRAICHES
200 G DE CHANTILLY (RECETTE 13)

MATÉRIEL :
POCHE A DOUILLE CANNELÉE
PALETTE, BROSSE DOUCE

Pendant la cuisson des abaisses de feuilletage, préparez la crème pâtissière que vous laissez refroidir. Montez la Chantilly.
Sur un premier rectangle de feuilletage (réservez le plus régulier pour couvrir le millefeuille), étalez la crème pâtissière à la palette. Posez le deuxième rectangle de feuilletage, recouvrez-le de la moitié de la Chantilly. Disposez dans la Chantilly les fruits frais si possible non lavés mais simplement nettoyés à la brosse douce après en avoir réservé quelques-uns pour le décor.
Couvrez avec le dernier rectangle de feuilletage et décorez-le de rosaces de Chantilly faites avec la poche à douille cannelée et avec les fruits.

86

MOKA AU CAFÉ

C'est une génoise garnie de mousse au café et glacée de fondant au café.

PRÉPARATION : 30 MN LA VEILLE
25 MN LE JOUR MÊME

TEMPS DE REPOS : 30 MN

INGRÉDIENTS POUR 8 PERSONNES :
1 GÉNOISE ⌀ 20 CM (RECETTE 6)
160 G DE BEURRE NORMAND

1 CUILLERÉE A CAFÉ DE CAFÉ
CORSÉ LIQUIDE
170 G DE MERINGUE FRANÇAISE
(RECETTE 7) FAITE AVEC
3 BLANCS D'ŒUFS,
75 G DE SUCRE SEMOULE,
75 G DE SUCRE GLACE
2 DL DE SIROP A ENTREMETS
AU CAFÉ (RECETTE 29)
16 GRAINS DE CAFÉ A LA LIQUEUR
OU AU CHOCOLAT
300 G DE GLAÇAGE AU CAFÉ
(RECETTE 28)

MATÉRIEL :

BOL ET FOUET ÉLECTRIQUE
PINCEAU, COUTEAU-SCIE
PALETTE, SPATULE
DISQUE DE CARTON ⌀ 20 CM

Préparez la génoise la veille de préférence; le jour de la préparation faites la meringue française et coupez la génoise dans l'épaisseur en 3 tranches égales avec un couteau-scie. Préparez le sirop au café. Laissez-le refroidir. Travaillez le beurre au fouet dans un bol pour le rendre pommade. Incorporez-y le café corsé liquide fort. Fouettez bien pour rendre le mélange léger et crémeux, puis incorporez délicatement et rapidement la meringue tiède. Si le mélange durcit, opérez au-dessus de la flamme.

Posez une tranche de génoise sur le disque de carton. Punchez-la de sirop avec un pinceau. Couvrez d'une couche de mousse au café étalée à la palette. Posez la deuxième tranche de génoise, punchez-la et couvrez de mousse. Terminez par la dernière tranche de génoise et masquez complètement le gâteau avec le reste de mousse au café à l'aide de la palette. Mettez au froid 1/2 h pour que le moka durcisse.

Décor : Préparez le glaçage au café et nappez-en le gâteau posé sur une grille. Décorez avec les grains de café à la liqueur ou au chocolat.

Conservation : A déguster dans les 24 h.

Conseil : On peut puncher la génoise de sirop à entremets à la vanille pour diminuer le goût très prononcé du café qui parfume tous les éléments du gâteau.

87

PARIS-BREST

Photo page 141

Trois garnitures possibles pour ce dessert. Je vous conseille de préparer plusieurs fonds de pâte à la fois; vous pourrez les congeler ou les conserver au réfrigérateur pendant une semaine.

PRÉPARATION : 40 MN

CUISSON : 30 MN

INGRÉDIENTS POUR 6 PERSONNES :

180 G DE PATE A CHOUX
(RECETTE 11)
50 G D'AMANDES HACHÉES
OU EFFILÉES

GARNITURE CLASSIQUE :

CRÈME PARIS-BREST
250 G DE CRÈME PATISSIÈRE
NATURE (RECETTE 24)
75 G DE PRALINE EN POUDRE
50 G DE BEURRE POMMADE

VARIANTE :

250 G DE CRÈME CHIBOUST
(RECETTE 19)
200 G DE CRÈME PATISSIÈRE
(RECETTE 24)
100 G DE CHANTILLY NATURE
(RECETTE 13)
SUCRE GLACE POUR LE DÉCOR

MATÉRIEL :

PAPIER SILICONÉ
POCHE A DOUILLE $\varnothing$ 1 CM
ET DOUILLE CANNELÉE $\varnothing$ 2 CM
POUDRETTE
COUTEAU-SCIE

Chauffez le four à 230° (th. 7-8).

Sur la plaque du four beurrée ou recouverte de papier siliconé, dessinez un cercle $\varnothing$ 20 cm ou une dizaine de cercles $\varnothing$ 6 cm.

Faites la pâte à choux et à l'aide de la poche à douille $\varnothing$ 1 cm dressez un cercle de pâte en suivant le cercle dessiné (voir photo 23, p. 39). Dressez un deuxième cercle de pâte à l'intérieur du premier, contre lui, puis un troisième cercle à cheval sur les deux autres. Saupoudrez d'amandes hachées ou effilées.

Cuisez pendant 30 mn dans le four maintenu entrouvert par une cuiller, tout d'abord à 230° (th. 7-8), puis dès que la pâte est bien montée (après 15 mn environ), baissez à 200° (th. 6). Si possible, évitez d'ouvrir le four en cours de cuisson car la pâte risquerait de retomber. Laissez refroidir après la sortie du four puis coupez le Paris-Brest dans l'épaisseur à la base du cercle du dessus avec un couteau-scie.

Garniture : Préparation.

1. Crème Paris-Brest

Préparez la crème pâtissière et incorporez-y le praliné et le beurre pommade pendant son refroidissement, en la fouettant pendant 2 mn à petite vitesse pour obtenir une crème légère.

2. Crème Chiboust

Préparez la crème Chiboust. Elle sera dressée à la poche à douille cannelée $\varnothing$ 2 cm. Il n'est pas nécessaire que la douille soit cannelée mais il faut absolument qu'elle ait une grosse ouverture pour ne pas écraser la crème Chiboust très fragile.

3. Crème pâtissière allégée

Préparez la crème pâtissière. Laissez-la refroidir. Montez la Chantilly et incorporez-la délicatement à la crème refroidie.

Finition : Dressez la crème choisie à l'aide de la poche à douille (⌀ 2 cm) en formant de grosses rosaces. Posez la couronne de pâte sur la crème, saupoudrez de sucre glace et mettez au froid.
A déguster dans la journée.

88

RÉGENT A L'ABRICOT

C'est une génoise fourrée de confiture d'abricots et parfumée au kirsch (ou à la vanille si vous la préparez pour des enfants).

PRÉPARATION : 30 MN LA VEILLE
15 MN LE JOUR MÊME

INGRÉDIENTS POUR 8 PERSONNES :

1 GÉNOISE ⌀ 20 CM (RECETTE 6)
250 G DE CONFITURE D'ABRICOTS
8 OREILLONS D'ABRICOTS AU SIROP
8 BIGARREAUX CONFITS
1 DL 1/2 DE SIROP A ENTREMETS AU KIRSCH (RECETTE 29)
OU A LA VANILLE
GLAÇAGE A L'EAU :
100 G DE SUCRE GLACE
ET 3 GOUTTES DE KIRSCH

MATÉRIEL :

COUTEAU-SCIE
PINCEAU
DISQUE DE CARTON ⌀ 20 CM
PETITE CASSEROLE
PALETTE

Préparez la génoise la veille de préférence; le jour de la préparation, coupez-la dans l'épaisseur en 3 tranches égales avec un couteau-scie. Faites le sirop à entremets. Laissez-le refroidir.

Posez une première tranche de génoise sur le disque de carton. Punchez-la de sirop à entremets avec le pinceau et couvrez-la d'une couche de confiture étalée à la palette. Posez la seconde tranche de génoise, punchez-la et couvrez de confiture. Recouvrez de la dernière tranche de génoise que vous punchez.

Décor : Chauffez le reste de confiture et nappez-en la surface. Préparez le glaçage à l'eau en mélangeant le sucre glace à 2 cuillerées à

Paris-Brest (recette page 138)

soupe d'eau et 3 gouttes de kirsch. Étalez ce glaçage à la palette sur toute la surface et le tour du gâteau. Posez les oreillons et les bigarreaux coupés en deux pour décorer le dessus. Mettez au frais jusqu'au moment de servir.

Conservation : A déguster dans les 48 h.

89

ROSACE A L'ORANGE

Photo page 144

PRÉPARATION : 30 MN LA VEILLE

CUISSON : 2 H LA VEILLE
20 MN LE JOUR MÊME

TEMPS DE REPOS : 2 H AU FRAIS

INGRÉDIENTS POUR 8 PERSONNES :

1 GÉNOISE ⌀ 20 CM
(RECETTE 6)
4 ORANGES 1/2 NON TRAITÉES
600 G DE SUCRE SEMOULE
300 G DE CRÈME PATISSIÈRE
(RECETTE 24)
150 G DE CHANTILLY (RECETTE 13)
1 DL 1/2 DE SIROP A ENTREMETS
AU GRAND-MARNIER
(RECETTE 29)

MATÉRIEL :

CASSEROLE INOX 1 LITRE 1/2
BOL ET FOUET ÉLECTRIQUE
MOULE A GÉNOISE ⌀ 22 CM
PINCEAU
CARTON ⌀ 22 CM
COUTEAU-SCIE

La veille : Préparez la génoise et coupez 4 oranges non épluchées en rondelles très fines. Faites bouillir 1 litre d'eau avec le sucre semoule. Mettez les rondelles d'oranges dans ce sirop et laissez frémir pendant 2 h. Laissez macérer dans un compotier couvert, jusqu'au lendemain.

Le lendemain : Préparez le sirop au grand-marnier parfumé avec le jus d'une demi-orange. Faites la crème pâtissière et laissez-la refroidir. Montez la Chantilly pendant ce temps.

Réservez la moitié des rondelles d'oranges confites pour le décor en choisissant les plus belles. Coupez le reste en très petits morceaux et mélangez-le à la crème pâtissière, puis incorporez délicatement la Chantilly.

Montage du gâteau : Beurrez au pinceau un moule à génoise ⌀ 22 cm et saupoudrez-le de sucre. Tapissez-le entièrement de rondelles d'oranges confites en les faisant se chevaucher par moitié (voir photo p. 144).

Remplissez le moule à mi-hauteur de crème à l'orange. Coupez la génoise en 2 dans l'épaisseur avec un couteau-scie. Punchez les 2 épaisseurs de sirop avec le pinceau. Posez une épaisseur de génoise sur la crème (retaillez-la éventuellement pour qu'elle entre bien dans le moule). Couvrez avec le reste de crème à l'orange. Recouvrez de l'autre moitié de génoise. Tassez avec une assiette et mettez au frais 2 h au moins.

Pour démouler, trempez le fond du moule dans l'eau chaude. Retournez sur le plat de service.

A déguster dans les 48 h. Tenir au frais jusqu'au moment de servir.

90

SAINT-HONORÉ CHIBOUST

Photo page 145

Une couronne de pâte à choux posée sur une abaisse de feuilletage et garnie de crème Chiboust.

PRÉPARATION : 40 MN + 1 H

CUISSON : 30 MN

INGRÉDIENTS POUR 8 PERSONNES :

190 G DE CHUTES DE FEUILLETAGE CLASSIQUE (RECETTE 3)
OU DE FEUILLETAGE RAPIDE (RECETTE 4)
170 G DE PATE A CHOUX (RECETTE 11)
200 G DE SUCRE SEMOULE

CRÈME PATISSIÈRE (RECETTE 24) FAITE AVEC :
350 G DE LAIT

1/2 GOUSSE DE VANILLE
5 JAUNES D'ŒUFS
45 G DE SUCRE SEMOULE
30 G DE MAIZENA

4 BLANCS D'ŒUFS
ET 70 G DE SUCRE SEMOULE
(POUR LA CRÈME CHIBOUST)
(RECETTE 19)

MATÉRIEL :

POCHE A DOUILLE ⌀ 1,5 CM
DOUILLES ⌀ 1 CM ET 0,3 CM
FOUET ET BOL, ROULEAU
PAPIER SILICONÉ
DOUILLE CANNELÉE ⌀ 2 CM

Page 144 : Rosace à l'orange (recette page 142)
Page 145 : Saint-Honoré Chiboust (recette ci-dessus)

143

Sur la plaque du four beurrée ou recouverte de papier siliconé, abaissez le feuilletage 1 h à l'avance en un cercle ⌀ 24 cm. Piquez-le. Chauffez le four à 240° (th. 8).

Préparez la pâte à choux et dressez-la immédiatement à la poche à douille ⌀ 1,5 cm en formant une couronne sur le bord de l'abaisse du feuilletage. Dressez également sur la plaque du four 16 choux avec la douille ⌀ 1 cm .

Cuisez à 240° (th. 8) pendant 15 mn puis à 200° (th. 6) pendant 15 mn encore. Surveillez la couleur pendant la cuisson mais évitez d'ouvrir le four car la pâte retomberait. Les choux sont cuits les premiers (20 mn de cuisson suffisent pour eux). Sortez du four et laissez refroidir.

Pendant la cuisson, préparez la crème pâtissière (base de la crème Chiboust). Réservez-en 200 g pour garnir les petits choux car la crème Chiboust serait trop fragile pour cette garniture. Avec le reste de crème pâtissière préparez la crème Chiboust immédiatement.

Garnissez les choux de crème pâtissière en perçant la partie inférieure avec un couteau et en les remplissant à l'aide de la poche à douille ⌀ 0,3 cm.

Préparez un caramel blond avec le sucre cuit dans 4 cuillerées à soupe d'eau. Hors du feu, trempez le dessus de chaque chou dans le caramel (pour ne pas vous brûler, tenez les choux avec la pointe d'un couteau), et posez-les du côté caramélisé sur une plaque beurrée ou un papier siliconé pour les laisser refroidir et obtenir le glaçage du caramel. Dès qu'ils sont froids (après quelques minutes), disposez-les régulièrement sur la couronne en pâte à choux en les collant avec du caramel.

Garnissez le centre avec la crème Chiboust en formant de grosses rosaces à l'aide de la poche à douille cannelée ⌀ 2 cm. Il n'est pas nécessaire que la douille soit cannelée, mais il faut absolument qu'elle ait une grosse ouverture pour ne pas écraser la crème Chiboust très fragile.

Mettez au frais jusqu'au moment de servir.

A déguster dans la journée.

91

SINGAPOUR AUX ABRICOTS

C'est une génoise fourrée à l'abricot et à l'ananas et décorée d'ananas et de demi-bigarreaux.

PRÉPARATION : 30 MN LA VEILLE
20 MN LE JOUR MÊME

CUISSON : 5 MN

INGRÉDIENTS POUR 8 PERSONNES :
1 GÉNOISE ⌀ 20 CM (RECETTE 6)
100 G D'ABRICOTS FRAIS
100 G DE SUCRE SEMOULE
6 TRANCHES D'ANANAS AU SIROP
8 BIGARREAUX CONFITS
200 G DE CONFITURE D'ABRICOTS
SANS MORCEAUX DE FRUITS
50 G D'AMANDES EFFILÉES
1/2 DL DE KIRSCH (FACULTATIF)

MATÉRIEL :

DISQUE DE CARTON ⌀ 20 CM
CASSEROLE DE 1/2 LITRE
PINCEAU, COUTEAU-SCIE
PALETTE, PLAQUE DU FOUR

Faites la génoise la veille de préférence et le jour de la préparation faites bouillir à gros bouillons les abricots frais coupés en morceaux avec le sucre pendant 5 mn. Incorporez 4 tranches d'ananas coupées en petits morceaux, retirez du feu, et laissez refroidir.
Ajoutez éventuellement le 1/2 dl de kirsch.
Coupez la génoise dans l'épaisseur en 2 tranches égales avec un couteau-scie. Posez la première tranche sur le disque de carton. Étalez à la palette le mélange abricots-ananas sur cette première moitié et recouvrez de la seconde moitié.

Décor : Coupez les bigarreaux en 2 et les 2 tranches d'ananas en quartiers. Disposez-les en cercle sur le dessus du Singapour.
Grillez pendant 3 mn les amandes effilées sur la plaque du four en surveillant attentivement la coloration.
Nappez la surface et les côtés du gâteau de confiture chaude passée avec le pinceau. Décorez le tour d'amandes effilées grillées.

Conservation : 2 à 3 jours au réfrigérateur.

92

SUCCÈS PRALINÉ

Photo page 149

Il est couleur de neige : vous lui donnerez un air de fête avec un ruban or.

PRÉPARATION DES FONDS DE SUCCÈS :
15 MN + 1 H 20 POUR LA CUISSON

MONTAGE DU SUCCÈS : 20 MN

TEMPS DE REPOS : 1 H

MATÉRIEL :

DISQUE DE CARTON ∅ 20 CM
POUDRETTE, PALETTE
RUBAN

INGRÉDIENTS POUR 8 PERSONNES :

2 FONDS DE SUCCÈS ∅ 20 CM
(RECETTE 5)
700 G DE CRÈME AU BEURRE
PRALINÉE (RECETTE 23)
100 G DE SUCRE GLACE
50 G DE NOUGATINE CONCASSÉE
(FACULTATIF)

Faites les fonds de Succès et choisissez le moins régulier des deux pour le poser sur le disque de carton.

Préparez la crème au beurre. Si vous l'avez préparée à l'avance, sortez-la du réfrigérateur 1 h avant son utilisation, pour qu'elle devienne pommade.

Garnissez le fond de Succès avec 600 g de crème au beurre et recouvrez avec le deuxième fond de Succès en appuyant légèrement.

Masquez le tour avec le reste de crème à l'aide de la palette et saupoudrez abondamment de sucre glace.

Mettez au frais 1 h puis appliquez la nougatine concassée sur le tour ou bien entourez le gâteau d'un ruban or d'une largeur égale à celle de la hauteur du gâteau. Servez frais.

Conservation : 3 à 4 jours au frais. Il garde tout son moelleux.

Succès praliné (recette ci-dessus)

CHAPITRE V

FLANS ET TARTES

RECETTES : 93 CLAFOUTIS TUTTI FRUTTI

94 DARTOIS AUX POMMES

95 FAR AUX PRUNEAUX
OU AUX RAISINS

96 LA CHANTELLÉE

97 PUDDING ROYAL

98 TARTE AUX ABRICOTS

99 TARTE FEUILLETÉE
A L'ANANAS

100 TARTE ANTILLAISE
AUX BANANES

101 TARTE AU CITRON
MERINGUÉE

RECETTES : 102   TARTE ÉLÉONORE

103   TARTE AUX MIRABELLES

104   TARTE NORMANDE
      GLACE ROYALE

105   TARTE NORMANDE
      SAINT-NICOLAS

106   TARTE AUX ORANGES
      CONFITES

107   TARTE PAYSANNE

108   TARTE AUX POIRES
      (OU AUX PÊCHES) AUX AMANDES

109   TARTE TATIN

93

CLAFOUTIS TUTTI FRUTTI

Photo page 157

Se fait au début de l'été avec des guignes très mûres, dénoyautées, mais aussi toute l'année avec des poires, pêches ou cerises au sirop.

PRÉPARATION : 10 MN

TEMPS DE REPOS : 1 H

CUISSON : 25 MN

INGRÉDIENTS POUR 2 DESSERTS
(DE 6 PERSONNES CHACUN) :

300 G DE PATE BRISÉE
(RECETTE 10)
1/4 DE LITRE DE LAIT
100 G DE CRÈME FRAICHE OU 120 G
DE CRÈME FLEURETTE
4 ŒUFS ENTIERS
200 G DE SUCRE SEMOULE
1 GOUSSE DE VANILLE
4 GOUTTES D'EAU
DE FLEUR D'ORANGER
480 G DE FRUITS
(SI VOUS UTILISEZ DES FRUITS
AU SIROP, DIMINUEZ DE 100 G
LA QUANTITÉ DE SUCRE SEMOULE)

MATÉRIEL :

CASSEROLE DE 1 LITRE
2 MOULES EN ALUMINIUM
⌀ 20 CM OU 2 PLATS
EN PORCELAINE A FEU
DE 6 PERSONNES CHACUN
SALADIER, FOUET
PAPIER
LENTILLES POUR LE MOULE

Foncez les moules beurrés avec 150 g de pâte brisée au moins 1 h à l'avance. Ceci peut même être fait la veille. Gardez-les au réfrigérateur.
Chauffez le four à 200° (th. 5-6).

Masse 1 : Faites bouillir le lait et la gousse de vanille fendue, ajoutez la crème.

Masse 2 : Dans un bol fouettez les œufs, le sucre et la *masse 1*. Déposez le bol dans un bain-marie froid pour en accélérer le refroidissement.
Faites cuire 5 à 10 mn à 200° (th. 6) la pâte non garnie recouverte seulement d'un papier blanc et de lentilles. Enlevez lentilles et papier.

153

Garnissez la pâte semi-cuite avec les fruits préparés, c'est-à-dire coupés en dés s'ils sont trop gros. Versez la *masse 2* sur les fruits jusqu'aux 3/4 du moule.

Congélation : La préparation peut être congelée à ce stade. Dans ce cas, le jour de la dégustation, vous cuirez sans décongeler. La cuisson durera 5 à 10 mn de plus.
Sinon cuisez à 200° (th. 6) pendant 20 mn.
Servez tiède ou froid.

94

DARTOIS AUX POMMES

Photo page 157

A déguster tiède.

PRÉPARATION : 15 MN

CUISSON : 20 MN

INGRÉDIENTS

POUR 8 A 10 PERSONNES :
500 G DE FEUILLETAGE CLASSIQUE OU RAPIDE (RECETTES 3 OU 4) INDIFFÉREMMENT
300 G DE COMPOTE DE POMMES ACIDULÉES
(RECETTE 179)
350 G DE POMMES
40 G DE SUCRE SEMOULE
1 CUILLERÉE A CAFÉ DE VANILLE EN POUDRE
1 ŒUF

MATÉRIEL :

PLAQUE DU FOUR
ROULEAU, PINCEAU
FOURCHETTE A DENTS FINES
CASSEROLE DE 1 LITRE

Chauffez le four à 240° (th. 8).

Préparation de l'appareil : Faites la compote de pommes, cuisez-la environ 15 mn. Pendant ce temps, coupez les 350 g de pommes en dés. Mélangez-les à la compote, ajoutez le sucre et la vanille.
Divisez les 500 g de feuilletage en 2. Abaissez chaque partie sur 2 mm d'épaisseur pour obtenir 2 rectangles de mêmes dimensions.
Posez la première abaisse sur la plaque du four. Piquez-la abondamment avec une fourchette. Mouillez le pourtour à l'eau sur 3 cm de large avec un pinceau. Étalez l'appareil uniformément sans déborder sur la partie mouillée.

Piquez la deuxième abaisse, recouvrez-en l'appareil en la faisant bien adhérer à la première abaisse par pression sur les bords. Chiquetez tout le tour au couteau.

Avec le pinceau, dorez à l'œuf battu toute la surface et tracez au couteau des losanges pour le décor.

Faites cuire 5 mn à 240° (th. 8) puis 25 mn à 220° (th. 7). Comme pour tous les feuilletages, il faut commencer la cuisson à four bien chaud pour la pousse des feuillets.

95

FAR AUX PRUNEAUX OU AUX RAISINS

Facile à réaliser, c'est un dessert d'hiver très nourrissant.

PRÉPARATION : 10 MN

CUISSON : 35 MN

INGRÉDIENTS POUR 8 PERSONNES :

1/2 LITRE DE LAIT
150 G DE SUCRE SEMOULE
60 G DE FARINE
200 G DE PRUNEAUX
OU RAISINS SECS
2 CUILLERÉES A SOUPE
DE RHUM VIEUX
25 G DE BEURRE POUR LE MOULE
5 ŒUFS
QUELQUES GOUTTES D'EXTRAIT
DE VANILLE OU 1 SACHET DE SUCRE
VANILLÉ (DANS CE CAS DIMINUEZ
DE 20 G LE SUCRE SEMOULE)

MATÉRIEL :

BOL ET FOUET
1 MOULE ⌀ 24 CM ET 5 CM
DE HAUT OU 2 MOULES ⌀ 16 CM

Dénoyautez les pruneaux.
Chauffez le four à 230° (th. 7-8). Faites tiédir le lait.
D'autre part, mélangez dans le bol la farine, le sucre et les œufs entiers puis incorporez délicatement le lait en fouettant. Parfumez avec le rhum et la vanille.
Mettez dans le moule bien beurré l'appareil et les fruits.
Faites cuire à 230° (th. 7-8) pendant 10 mn puis finissez à 180° (th. 5) pendant 25 mn.
Démoulez tiède, ou servez dans son moule.

96

LA CHANTELLÉE

Une crème légère au fromage blanc dans une brioche.

PRÉPARATION : 15 MN

CUISSON : 50 MN

INGRÉDIENTS POUR 8 PERSONNES :

200 G DE PATE A BRIOCHE
(RECETTE 9)
MASSE 1 :
250 G DE CRÈME PATISSIÈRE
(RECETTE 24)
250 G DE FROMAGE BLANC
2 ŒUFS ENTIERS
2 JAUNES D'ŒUFS
20 G DE MAIZENA
80 G DE SUCRE SEMOULE
1 PINCÉE DE SEL
1 CITRON

60 G DE BEURRE

MATÉRIEL :

MOULE D'ALUMINIUM ⌀ 22 CM
ASSEZ HAUT (5 CM ENVIRON)
BOL ET FOUET

Faites fondre le beurre. Hachez le zeste du citron.

Chauffez le four à 180° (th. 5).

Foncez très finement le moule de pâte à brioche. Ne laissez pas pousser la pâte.

Mélangez tous les éléments de la *masse 1* rapidement au fouet, puis incorporez le beurre fondu.

Garnissez le moule en le remplissant à ras bord avec la préparation ci-dessus.

Faites cuire à 180° (th. 5) pendant 50 mn.

Démoulez froid.

Clafoutis tutti frutti (recette page 153)
Dartois aux pommes (recette page 154)

97

PUDDING ROYAL

Les enfants l'adorent pour ses fruits confits. C'est un dessert plus raffiné si on le sert avec une sauce à la vanille ou au chocolat.

PRÉPARATION : 15 MN

CUISSON : 50 MN

INGRÉDIENTS
POUR 12 PERSONNES :

250 G DE RESTES DE BRIOCHE
(RECETTE 9)
3/4 DE LITRE DE LAIT
1 GOUSSE DE VANILLE
450 G DE SUCRE SEMOULE
5 ŒUFS ENTIERS
8 JAUNES D'ŒUFS
300 G DE BIGARREAUX,
RAISINS DE SMYRNE ET DE CORINTHE,
ET AUTRES FRUITS CONFITS
50 G DE BEURRE
25 G DE SUCRE SEMOULE
POUR LE MOULE

MATÉRIEL :

2 MOULES OU PORCELAINES A FEU
∅ 23 CM ET 4 CM DE HAUT
BOL, FOUET ÉLECTRIQUE

Chauffez le four à 200° (th. 6).

Préparation de l'appareil : Faites bouillir le lait avec la gousse de vanille fendue. Fouettez dans un bol les œufs entiers, les jaunes d'œufs, et le sucre pendant 1 mn. Ajoutez le lait bouillant en continuant à fouetter.
Beurrez bien le moule et saupoudrez-le de sucre semoule.
Coupez la brioche en tranches de 1,5 cm d'épaisseur environ. Hachez les fruits confits (mais bigarreaux et raisins doivent rester entiers). Tapissez le fond du moule avec les tranches de brioche. Recouvrez avec les fruits confits. Puis ajoutez le reste de brioche en une couche. Terminez en remplissant le moule avec l'appareil ci-dessus.
Faites cuire pendant 50 mn au bain-marie à four 200° (th. 6) en surveillant la coloration. Si le pudding se colore trop, protégez-le avec un papier beurré ou une feuille de papier aluminium.

Démoulez froid, servez froid avec une sauce d'accompagnement : environ 1/2 litre de sauce à la vanille (recette 32) ou 1/2 litre de sauce au chocolat (recette 31) ou de coulis d'abricot ou de coulis de framboises (recette 15).

98

TARTE AUX ABRICOTS

PRÉPARATION : 15 MN

CUISSON : 40 MN

INGRÉDIENTS POUR 1 TARTE DE 8 PERSONNES :
300 G DE PATE BRISÉE (RECETTE 10)
25 G DE BISCOTTES OU DE BISCUITS
1 KG D'ABRICOTS FRAIS BIEN MURS OU AU SIROP
80 G D'ABRICOTAGE POUR LE NAPPAGE

MATÉRIEL :

MOULE A TARTE ⌀ 26 CM ET 4 CM DE HAUTEUR
PINCEAU, ROULEAU
GRILLE

Préparez la pâte brisée la veille si possible.
Foncez le moule légèrement beurré. Laissez reposer 1 h si possible.
Chauffez le four à 220° (th. 7).
Écrasez grossièrement biscottes ou biscuits puis parsemez-en le fond de pâte. Ils absorbent ainsi le jus des fruits frais. Disposez les oreillons d'abricots (égouttez-les bien si vous prenez des abricots en boîte), en les faisant se chevaucher.
Cuisez à 230° (th. 7-8) pendant 10 mn puis à 200° (th. 6) pendant 30 mn.
Démoulez tiède sur une grille. Abricotez au pinceau et décorez de demi-amandes mondées.

99

TARTE FEUILLETÉE A L'ANANAS

Des ronds d'ananas dans un carré de feuilletage.

PRÉPARATION : 20 MN

CUISSON : 30 MN

INGRÉDIENTS POUR 8 PERSONNES :
(RECETTES 3 OU 4)

200 G DE FEUILLETAGE
100 G DE CRÈME PATISSIÈRE
(RECETTE 24)
400 G D'ANANAS AU SIROP OU FRAIS
80 G D'ABRICOTAGE
8 BIGARREAUX CONFITS
KIRSCH (FACULTATIF)

MATÉRIEL :

ROULEAU, COUTEAU, PINCEAU
PLAQUE DU FOUR

Chauffez le four à 240° (th. 8).

Abaissez le feuilletage (que vous aurez préparé à l'avance) sur 2 mm d'épaisseur, en un carré de 25 cm de côté environ sur la plaque du four légèrement mouillée.

Piquez abondamment la surface avec une fourchette. Découpez à l'aide d'une règle une bande de 1,5 cm de large de chaque côté de l'abaisse. Retournez-la sur le pourtour de l'abaisse en la soudant à l'eau à l'aide du pinceau légèrement humide pour former la bordure. Chiquetez avec le côté tranchant d'un couteau en biais, sur la largeur de la bande.

Faites cuire à 240° (th. 8) pendant 10 mn puis à 200° (th. 6) pendant 20 mn. Laissez refroidir. Pendant la cuisson, vous aurez préparé la crème pâtissière que vous pouvez kirscher légèrement.

Si vous utilisez un ananas frais, préparez-le en rondelles en ôtant le centre.

Peu de temps avant de servir vous garnissez la pâte cuite avec la crème pâtissière refroidie. Puis vous couvrez avec des rondelles d'ananas égouttées.

Abricotez au pinceau et décorez de bigarreaux confits.

Conseil : Si le feuilletage n'est pas abaissé à 2 mm, il gonfle trop à la cuisson. Ce gâteau ressemblera davantage à un millefeuille qu'à une tarte.

Tarte antillaise aux bananes (recette page 162)

100

TARTE ANTILLAISE AUX BANANES

Photo page 161

PRÉPARATION : 20 MN

CUISSON : 20 A 25 MN

INGRÉDIENTS POUR 8 PERSONNES :
300 G DE PATE SABLÉE SUCRÉE
(RECETTE 12)
400 G DE CRÈME PATISSIÈRE
(RECETTE 24)
5 BANANES MURES
1 DL DE RHUM
1 DL 1/2 D'EAU
150 G DE SUCRE SEMOULE
500 G D'ANANAS AU SIROP ÉGOUTTÉS
OU 400 G D'ANANAS FRAIS ET 100 G
DE SUCRE SEMOULE
80 G D'ABRICOTAGE (VOIR P. 9)

MATÉRIEL :

MOULE ⌀ 26 CM
GRANDE POÊLE
LENTILLES ET PAPIER
POUR LE MOULE

Faites la pâte sablée sucrée la veille. Foncez le moule le jour de l'utilisation. Laissez reposer au réfrigérateur.
Chauffez le four à 220° (th. 7).
Dans une grande poêle, faites bouillir l'eau, le sucre puis le rhum.
Pelez et coupez les bananes en rondelles de 1 cm d'épaisseur. Dis-
posez les bananes dans le sirop et laissez frémir sans bouillir pendant
10 mn environ. Elles ne doivent pas se défaire.
Pendant ce temps, faites cuire pendant 25 mn à 220° (th. 7) le fond de
tarte piqué et garni d'une feuille de papier blanc et de lentilles que
vous enlevez après cuisson.
Pendant les cuissons, faites la crème pâtissière.
Laissez tiédir les préparations.
Garnissez la pâte cuite avec la crème pâtissière puis couvrez la surface
avec les rondelles de bananes posées bien à plat après les avoir égouttées si nécessaire.
Préparez un coulis d'ananas en passant au mixer soit 500 g d'ananas
au sirop égouttés, soit 400 g d'ananas frais mélangés à 100 g de sucre
semoule.
Nappez la tarte avec l'abricotage et servez le coulis d'ananas en
saucière.

101

TARTE AU CITRON MERINGUÉE

Photo page 164

Une mousse exquise au citron, décorée d'une meringue italienne passée au gril.

PRÉPARATION : 40 MN

CUISSON : 25 MN

INGRÉDIENTS POUR 8 PERSONNES :
300 G DE PATE SABLÉE SUCRÉE
(RECETTE 12)

CRÈME PATISSIÈRE :
1/4 DE LITRE DE LAIT
1/4 DE GOUSSE DE VANILLE
3 JAUNES D'ŒUFS
30 G DE SUCRE SEMOULE
30 G DE MAIZENA
1/2 CITRON NON TRAITÉ

MERINGUE ITALIENNE :
2 BLANCS D'ŒUFS
125 G DE SUCRE SEMOULE
20 G DE SUCRE GLACE

MATÉRIEL :

BOL, FOUET ÉLECTRIQUE
PETITE CASSEROLE A FOND ÉPAIS
MOULE $\varnothing$ 26 CM
LENTILLES ET PAPIER
POUR LE MOULE
POCHE A DOUILLE
CANNELÉE $\varnothing$ 1,5 CM
POUDRETTE

Faites la pâte sablée sucrée la veille. Le jour de l'utilisation, foncez le moule.

Garnissez-le d'un papier et de lentilles et faites cuire la pâte pendant 25 mn à 220° (th. 7). Laissez refroidir et enlevez papier et lentilles. Préparez la crème pâtissière en incorporant à la crème cuite, avant refroidissement, le jus du demi-citron et le zeste haché très finement.

Faites la meringue italienne. Pour cela montez les blancs en neige ferme en ajoutant à mi-parcours une cuillerée à café de sucre pour les soutenir.

D'autre part, sur le feu mouillez le reste du sucre avec 3 cuillerées à soupe d'eau. Faites cuire jusqu'au boulé (120°) (trempez une cuiller dans le sucre en ébullition, jetez une goutte de ce sucre dans un bol d'eau froide, la goutte forme une boule). La cuisson dure environ 5 mn. Versez ce sucre cuit sur les blancs fermes, il doit tomber entre les bords du bol et le fouet, rapidement.

Fouettez à petite vitesse jusqu'à refroidissement, soit 10 mn.

Prenez la moitié de la meringue obtenue ainsi et mélangez-la à la

Tarte au citron meringuée (recette page 163)

Tarte Éléonore (recette ci-dessous)

crème pâtissière au citron, pour l'alléger. Garnissez le fond de pâte de cette crème légère. Recouvrez la surface du reste de meringue à l'aide de la poche à douille cannelée. Saupoudrez de sucre glace et passez au gril environ 2 mn pour faire dorer.

Si vous craignez de ne pas réussir la meringue italienne, faites une meringue française (recette 7).

Si vous souhaitez une crème pâtissière plus parfumée, faites bouillir le lait avec le zeste de citron, et incorporez le jus à la crème cuite.

102

TARTE ÉLÉONORE

Photo page 165

C'est une tarte feuilletée aux pommes.

PRÉPARATION : 15 MN

CUISSON : 20 MN

INGRÉDIENTS POUR 6 PERSONNES
SOIT 3 TARTES ⌀ 18 CM :

210 G DE FEUILLETAGE
(RECETTES 3 OU 4)
100 G COMPOTE
DE POMMES ACIDULÉES
5 POMMES GOLDEN
200 G DE SUCRE GLACE
3 GROSSES CUILLERÉES A DESSERT
DE CRÈME FRAICHE (FACULTATIF)
60 G DE BEURRE

MATÉRIEL :

ROULEAU
POUDRETTE

Les pommes Golden ont l'avantage de ne pas se défaire. Compensez leur douceur par la compote de pommes acidulées que vous ferez selon la recette de la page 257.

Chauffez le four à 240° (th. 8).

Abaissez la pâte feuilletée à 3 mm d'épaisseur. Arrondissez l'abaisse en coupant les angles et en remettant les chutes de pâte au centre, puis abaissez à nouveau pour obtenir un cercle ⌀ 18 cm sur la plaque du four.

Garnissez le centre de l'abaisse d'une fine couche de compote jusqu'à 3 cm du bord. Pelez les Golden et coupez-les en 8 quartiers. Disposez ces quartiers en cercle à plat sur la compote en les serrant bien (voir photo p. 165). Saupoudrez avec 100 g de sucre glace pour les 3 tartes. Parsemez de noisettes de beurre.

Faites cuire à 240° (th. 8) pendant 20 mn. 5 mn avant la fin, saupoudrez avec le reste du sucre glace pour faire briller les fruits. Servez encore tiède et si vous avez l'âme normande, versez une cuillerée à dessert de crème fraîche sur chaque tarte.

103

TARTE AUX MIRABELLES

Sur un lit de crème d'amandes, des mirabelles juteuses et parfumées.

PRÉPARATION : 20 MN   CUISSON : 35 MN

166

INGRÉDIENTS POUR 8 PERSONNES :

450 G DE PATE BRISÉE
(RECETTE 10)
350 G DE CRÈME D'AMANDES
(RECETTE 17)
50 G DE BEURRE FIN
60 G DE SUCRE SEMOULE
600 G DE MIRABELLES AU SIROP
OU FRAICHES
3 CUILLERÉES A SOUPE D'EAU-DE-VIE
DE MIRABELLES
1 ŒUF

MATÉRIEL :

MOULE ∅ 26 CM
ROULETTE CANNELÉE OU COUTEAU
PINCEAU, ROULEAU
POÊLE

Supprimez le sucre semoule si vous utilisez des mirabelles au sirop.
Foncez le moule de pâte brisée. Réservez 100 g de pâte pour le décor.
Faites attendre au réfrigérateur.
Dénoyautez les fruits en prenant soin de les égoutter si vous utilisez des fruits au sirop.
Dans une poêle, faites fondre le beurre et le sucre. Ajoutez les fruits que vous faites revenir pendant 5 mn. Arrosez avec de l'eau-de-vie et flambez. Laissez refroidir.
Préparez la crème d'amandes.
Chauffez le four à 220° (th. 7.)
Garnissez le fond de pâte avec la crème d'amandes puis avec les mirabelles bien serrées. Abaissez le restant de pâte et coupez-le en bandes avec une roulette cannelée ou à défaut un couteau.
Décorez la tarte en formant des losanges avec les bandes de pâte croisées que vous faites bien adhérer sur les bords. Dorez à l'œuf battu, avec un pinceau.
Cuisez à 220° (th. 7) pendant 35 mn environ en surveillant la couleur.
Démoulez tiède et servez immédiatement si possible.

104

TARTE NORMANDE GLACE ROYALE

Sous une glace royale croquante, un fondu de pommes acidulées.

PRÉPARATION : 15 MN

CUISSON : 40 MN

INGRÉDIENTS POUR 8 PERSONNES :

350 G DE PATE BRISÉE (RECETTE 10)

600 G DE REINES DES REINETTES
50 G DE BEURRE NORMAND
80 G DE SUCRE VANILLÉ

GLACE ROYALE :
1/2 BLANC D'ŒUF
125 G DE SUCRE GLACE
3 GOUTTES DE JUS DE CITRON

MATÉRIEL :

MOULE ⌀ 26 CM ET 4 CM DE HAUT
SAUTEUSE, ROULEAU
SPATULE, PALETTE

Préparez la pâte brisée si possible la veille.
Pelez les pommes et coupez-les en tranches épaisses.
Dans une sauteuse, faites fondre le beurre, ajoutez le sucre vanillé, et faites sauter les pommes pendant 5 mn. Laissez refroidir.
Foncez le moule avec la moitié de la pâte brisée. Piquez le fond avec une fourchette. Garnissez avec les pommes froides. Abaissez le reste de la pâte en un cercle ⌀ 26 cm et recouvrez-en les pommes. Faites bien adhérer les bords et aplatissez ce couvercle de pâte le plus régulièrement possible.
Chauffez le four à 200º (th. 6).
Préparez la glace royale en mélangeant à la spatule dans un bol pendant 2 mn le blanc d'œuf et le sucre. Ajoutez 3 gouttes de jus de citron à la fin. Nappez-en toute la surface de la tarte à l'aide d'une palette. S'il vous reste de la pâte brisée, décorez le dessus avec un quadrillage de bandes de pâte.
Faites cuire à 200º (th. 6) pendant 40 mn. La glace royale doit devenir blonde. Dès qu'elle est sèche, je vous conseille de la couvrir d'un papier d'aluminium. On peut aussi entrouvrir le four à l'aide d'une cuiller.
Démoulez tiède et servez rapidement, car cette tarte est un peu moins bonne si on la déguste froide.

Conservation : La glace royale se conserve dans un bol fermé hermétiquement quelques jours au réfrigérateur ou un mois au congélateur. Pour l'utiliser après conservation, la retravailler à la spatule avec un peu de sucre glace.

105

TARTE NORMANDE SAINT-NICOLAS

C'est une tarte aux pommes et aux raisins blonds, parfumée à la cannelle. Il faut la déguster tiède mais toutes les préparations peuvent être faites quelques heures à l'avance.

PRÉPARATION : 20 MN
CUISSON : 20 MN

INGRÉDIENTS
POUR 8 PERSONNES :
350 G DE PATE BRISÉE (RECETTE 10)
750 G DE POMMES GOLDEN
120 G DE BEURRE NORMAND
230 G DE SUCRE SEMOULE
1 SACHET DE SUCRE VANILLÉ
2 ŒUFS
1 GROSSE POMME REINETTE
5 G DE CANNELLE
80 G DE FARINE
5 G LEVURE CHIMIQUE
SOIT 1/2 PAQUET
50 G DE CONFITURE D'ABRICOTS
50 G DE RAISINS BLONDS

MATÉRIEL :
MOULE OU CERCLE ∅ 26 CM DE 4 CM HAUT
POCHE A DOUILLE ∅ 1 CM
CASSEROLE DE 1 LITRE 1/2
BOL, FOUET, POÊLE

Faites la pâte brisée la veille.
Sortez le beurre du réfrigérateur pour pouvoir l'utiliser en pommade.
Foncez le moule ou le cercle avec la pâte brisée.
Préparez un peu de compote avec une grosse pomme reinette, 40 g de sucre et la cannelle.

Masse 1 : Épluchez les Golden et coupez-les en petits cubes que vous faites revenir à la poêle dans 40 g de beurre, 70 g de sucre semoule et le sucre vanillé. Cuisez 10 mn maximum à feu doux et laissez refroidir.

Masse 2 : Travaillez au fouet le reste du beurre pommade et le reste du sucre semoule. Incorporez les 2 œufs entiers l'un après l'autre. Ajoutez la compote puis la farine tamisée avec la levure en dernier.
Chauffez le four à 200° (th. 6).
Garnissez la pâte avec la confiture, puis avec les raisins et la *masse 1*.
Recouvrez de la *masse 2* en spirale à la poche à douille.
Cuisez 30 mn au four.
Démoulez tiède et servez.

106

TARTE AUX ORANGES CONFITES

Décorée de tranches d'oranges semi-confites et garnie d'une crème allégée de Chantilly.

169

PRÉPARATION : 20 MN LA VEILLE
35 MN LE JOUR MÊME
CUISSON : 20 MN

INGRÉDIENTS POUR 8 PERSONNES :
300 G DE PATE SABLÉE SUCRÉE
(RECETTE 12)
2 ORANGES NON TRAITÉES
160 G DE SUCRE SEMOULE
400 G DE CRÈME PATISSIÈRE
(RECETTE 24)
100 G DE CHANTILLY (RECETTE 13)
JUS D'UNE DEMI-ORANGE

MATÉRIEL :

PETITE CASSEROLE
MOULE A TARTE ⌀ 26 CM
PAPIER ET LENTILLES
COUTEAU-SCIE
ROULEAU
MIXER SI POSSIBLE
SPATULE, FER PLAT

La veille préparez un sirop en faisant frémir pendant 15 mn dans 2 dl d'eau, le sucre semoule et les oranges non pelées coupées en très fines rondelles. Laissez-les macérer dans ce sirop jusqu'au moment de l'utilisation, dans un récipient couvert.
Chauffez le four à 200° (th. 6).
Mettez la crème et son bol au frais pour pouvoir préparer la Chantilly.
Abaissez la pâte sucrée et foncez le moule. Garnissez-le de papier blanc et de lentilles et faites cuire pendant 20 mn. Enlevez papier et lentilles.
Pendant ce temps préparez la crème pâtissière, incorporez-y le jus d'orange quand elle est encore chaude. Laissez-la refroidir.
Prélevez 70 g d'oranges macérées en choisissant les rondelles les plus petites. Hachez-les finement. Si vous les hachez au mixer, mélangez-les à 100 g de crème pâtissière.
Préparez la crème Chantilly. Mélangez-la avec la spatule à la crème pâtissière et ajoutez les oranges hachées.
Garnissez le fond de tarte cuit avec ce mélange. Décorez avec les rondelles d'oranges confites en les faisant se recouvrir par moitié. Vous pouvez compléter le décor en saupoudrant de sucre semoule et en dessinant dans le sucre un quadrillage avec un fer plat rougi à la flamme. Mettez au frais en attendant de servir.

107

TARTE PAYSANNE

Des pommes et des raisins dans un moule à clafoutis, avec de la crème fraîche.

170

PRÉPARATION : 15 MN
CUISSON : 30 MN

INGRÉDIENTS POUR 6 PERSONNES :
300 G DE POMMES ACIDULÉES
75 G DE SUCRE SEMOULE
20 G DE RAISINS DE CORINTHE
1 ŒUF
40 G DE BEURRE

1 DL DE CRÈME FRAICHE
30 G DE FARINE
20 G DE BEURRE POUR LE MOULE

MATÉRIEL :
MOULE ∅ 20 CM
FOUET
BOL DE 1 LITRE 1/2
SPATULE

Faites chauffer le four à 200° (th. 6).

Préparation de l'appareil :

Dans un bol faites blanchir au fouet le sucre et l'œuf entier. Incorporez la crème et la farine. Mélangez bien.
Pelez les pommes, émincez-les et mélangez-les aux raisins puis à l'appareil ci-dessus après en avoir prélevé 100 g.
Garnissez le moule beurré avec le mélange.
Cuisez à 200° (th. 6). Après 15 mn de cuisson, finissez de remplir le moule en ajoutant le reste de l'appareil préparé auquel vous aurez mélangé 40 g de beurre fondu. La tarte sera ainsi beaucoup plus moelleuse que si vous aviez cuit tout l'appareil en une fois. Remettez 15 mn au four très chaud. Servez tiède.

108

TARTE AUX POIRES (OU AUX PÊCHES) AUX AMANDES

Photo page 172

Des fruits au sirop présentés en étoile sur une couche de crème d'amandes.

PRÉPARATION : 15 MN
CUISSON : 30 MN

INGRÉDIENTS POUR 8 PERSONNES :
350 G DE PATE BRISÉE (RECETTE 10)
4 GROSSES POIRES
OU PÊCHES AU SIROP
340 G DE CRÈME D'AMANDES
(RECETTE 17)

GELÉE DE FRUITS OU NAPPAGE
PATISSIER POUR LE DÉCOR

MATÉRIEL :
MOULE ∅ 26 CM
ROULEAU
PINCEAU

Page 172 : Tarte aux poires aux amandes (recette ci-dessus)
Page 173 : Tarte Tatin (recette page 174)

171

Préparez la pâte brisée la veille.
Le jour de l'utilisation, faites la crème d'amandes.
Chauffez le four à 220º (th. 7).
Abaissez la pâte brisée et foncez le moule. Garnissez-le avec la crème d'amandes froide. Coupez les demi-fruits verticalement en tranches fines en leur conservant leur forme (voir photo p. 172). Disposez-les en étoile sur le fond de crème.
Faites cuire 30 mn à 220º (th. 7).
Démoulez tiède. Lorsque la tarte est refroidie, nappez-la, avec un pinceau, d'une gelée ou d'un nappage pâtissier.

109

TARTE TATIN

Photo page 173

Des pommes fondues au beurre, caramélisées, retournées sur une pâte feuilletée.

PRÉPARATION : 10 MN   270 G DE SUCRE
CUISSON : 40 MN   1,250 KG DE POMMES ACIDULÉES

INGRÉDIENTS POUR 10 PERSONNES :   MATÉRIEL :
180 G DE FEUILLETAGE   ROULEAU
(RECETTES 3 OU 4)   PLAT A GRATIN ROND ⌀ 24 CM
120 G DE BEURRE   SI POSSIBLE EN FONTE ÉMAILLÉE

Sur un plan de travail fariné, abaissez le feuilletage pour obtenir un cercle très fin de 2 mm d'épaisseur ⌀ 26 cm. Piquez-le avec une fourchette à dents très fines. Mettez au frais. Épluchez les pommes. Coupez-les en deux. Enlevez le centre et les pépins.
Chauffez le four à 220º (th. 7).
Sur le feu, faites fondre dans le plat à gratin le sucre et le beurre. Posez les pommes verticalement bien serrées dans le plat sur le feu et laissez caraméliser le fond du plat. A ce moment, les pommes dépassent nettement le bord du plat. Laissez bouillonner pendant 20 mn : le caramel doit être blond.
Mettez le plat au four pendant 5 mn, les pommes retombent un peu. A ce moment-là, à l'entrée du four, recouvrez les pommes avec l'abaisse de feuilletage qui déborde un peu. Continuez la cuisson pendant 15 mn à 240º (th. 8) pour bien cuire le feuilletage.
Démouler la tarte Tatin chaude en la renversant sur un plat. Servez tiède.

CHAPITRE VI

PETITS GATEAUX

RECETTES : 110 CHOCOLATINES

111 CHOUX PRALINÉS
CHOUX AU RHUM,
AU GRAND-MARNIER
OU AU KIRSCH (voir SALAMBOS)

112 COLISÉES

113 ÉCLAIRS AU CAFÉ
OU AU CHOCOLAT

114 GROS ÉCLAIRS A LA CHANTILLY

115 ÉCLAIRS MARTINIQUAIS

116 MERINGUES A LA CHANTILLY

117 MERINGUES TETE DE NÈGRE
MILLEFEUILLES
(recettes 82 à 85)

118 MONT-BLANC

119 NOISETTINES

120 PARIS-BREST

121 PUITS D'AMOUR

175

RECETTES : 122 SAINT-HONORÉ

123 SALAMBOS

124 SAVARINS

125 SUCCÈS

126 TARTELETTES AUX FRUITS
(recette de base)

127 TARTELETTES AUX CERISES

128 TARTELETTES
AUX MIRABELLES

129 TARTELETTES
AUX MYRTILLES

130 TARTELETTES AUX POIRES

131 TARTELETTES AUX ABRICOTS

132 TARTELETTES A L'ANANAS

133 TARTELETTES
COUP DE SOLEIL
(aux poires, pêches, abricots, ananas
ou groseilles, cerises, fraises,
ou framboises ou bananes)

134 VAL-D'ISÈRE

110

CHOCOLATINES

Photo page 179

Des fonds de Succès garnis de mousse au chocolat et saupoudrés de sucre glace cacaoté.

PRÉPARATION : 30 MN	50 G DE SUCRE GLACE MÉLANGÉ
TEMPS DE REPOS : 1 H 30	A 20 G DE CACAO AMER EN POUDRE
INGRÉDIENTS POUR 10 PIÈCES :	MATÉRIEL :
20 FONDS DE SUCCÈS ⌀ 6 CM (RECETTE 5)	10 CERCLES ⌀ 6 CM 3 CM DE HAUT EN MÉTAL
MOUSSE AU CHOCOLAT (RECETTE 30)	OU CAISSETTES EN MATIÈRE PLASTIQUE
FAITE AVEC 125 G DE CHOCOLAT	POUDRETTE, PALETTE

La veille, préparez les fonds de Succès. Faites la mousse au chocolat le jour de son emploi.
Dans un cercle de métal, ou à défaut à l'intérieur d'une caissette en matière plastique, posez un fond de Succès, recouvrez-le d'une couche de mousse au chocolat, posez le deuxième fond et couvrez de mousse au chocolat étalée à ras du cercle avec une palette mouillée. Mettez au froid 1 h.
Décerclez à l'aide d'une éponge chaude passée sur le cercle de métal, ou trempez dans l'eau chaude le fond de la caissette.
Saupoudrez avec le sucre glace cacaoté ou bien nappez de glaçage au chocolat. Dans ce cas, remettez au froid pendant 1/2 h au moins. Dégustez le jour-même ou le lendemain au plus tard.

111

CHOUX PRALINÉS

Photo page 183

Une pâte à choux moelleuse garnie de crème pâtissière pralinée.
Lorsque les choux sont fourrés de crème pâtissière au rhum, au kirsch ou au grand-marnier, on les appelle des salambos (voir p. 191).

PRÉPARATION : 30 MN

CUISSON : 30 MN

INGRÉDIENTS POUR 10 PIÈCES :

250 G DE PATE A CHOUX
(RECETTE 11)
80 G D'AMANDES HACHÉES
OU EFFILÉES
350 G DE CRÈME PRALINÉE FAITE
AVEC :
200 G DE CRÈME PATISSIÈRE
(RECETTE 24)
50 G DE PRALINÉ EN POUDRE
100 G DE BEURRE POMMADE
50 G DE SUCRE GLACE

MATÉRIEL :

POCHES A DOUILLE ⌀ 1,5 CM
ET ⌀ 1 CM
PAPIER SILICONÉ
POUDRETTE
PLAQUE DU FOUR
FOUET

Chauffez le four à 220° (th. 7).

Préparez la pâte à choux.

Sur la plaque du four beurrée ou recouverte de papier siliconé, dressez 10 choux ⌀ 4 cm, à l'aide de la poche à douille ⌀ 1,5 cm.

Parsemez la surface d'amandes effilées ou hachées.

Cuire à 220° (th. 7) dans le four maintenu entrouvert par une cuiller pendant 30 mn; laissez refroidir.

Pendant la cuisson, préparez la crème pâtissière et incorporez-y le praliné et le beurre pommade lorsqu'elle refroidit, en la fouettant pour obtenir une crème légère.

Garnissez les choux en fendant le côté avec un couteau-scie et en utilisant la poche à douille ⌀ 1 cm pour les remplir de crème pralinée.

Saupoudrez de sucre glace. Mettez au frais.

Dégustez le jour-même.

La recette est donnée pour 10 choux mais la pâte à choux se conservant bien une fois cuite, vous pouvez préparer les 800 g de pâte indiqués sur la recette 11, vous utiliserez le reste pour faire des éclairs, etc.

Noisettines (recette page 187)
Colisées (recette page 180)
Chocolatines (recette page 177)
Meringues à la Chantilly (recette page 185), meringues tête de nègre (recette page 185)

112
COLISÉES
Photo page 179

Des fonds de Succès garnis de crème au beurre pralinée parfumée au rhum vieux.

PRÉPARATION : 30 MN

TEMPS DE REPOS : 1 H 30

INGRÉDIENTS POUR 10 PIÈCES :

20 FONDS DE SUCCÈS ⌀ 6 CM (RECETTE 5)
350 G DE CRÈME AU BEURRE PRALINÉE (RECETTE 23)
100 G DE RAISINS BLONDS
2 CUILLERÉES A SOUPE DE RHUM VIEUX
GLAÇAGE AU CHOCOLAT (RECETTE 27)
FAIT AVEC :
125 G DE CHOCOLAT A CROQUER
50 G DE BEURRE
100 G DE SUCRE GLACE
3 CUILLERÉES 1/2 A SOUPE D'EAU

MATÉRIEL :
10 CERCLES ⌀ 6 CM ET 3 CM DE HAUT EN MÉTAL OU CAISSETTES EN MATIÈRE PLASTIQUE
PALETTE

La veille préparez les fonds de Succès.
Préparez la crème au beurre pralinée le jour de son emploi et faites macérer les raisins dans le rhum pendant que vous préparez la crème. Dans un cercle de métal ou à défaut à l'intérieur d'une caissette en matière plastique, posez un fond de Succès, recouvrez-le d'une couche de crème pralinée que vous parsemez de quelques raisins égouttés. Posez le deuxième fond en appuyant et couvrez de crème étalée à ras du bord du cercle à l'aide d'une palette.
Mettez au froid 1 h.
Décerclez à l'aide d'une éponge chaude passée sur le cercle de métal ou trempez dans l'eau chaude le fond de la caissette. Préparez le glaçage au chocolat. Nappez-en les colisées et remettez au froid pendant 1/2 h au moins.
Dégustez le jour-même ou le lendemain, à condition de les tenir au frais.

113

ÉCLAIRS AU CAFÉ OU AU CHOCOLAT

Photo page 183

PRÉPARATION : 30 MN
CUISSON : 30 MN

INGRÉDIENTS POUR 10 PIÈCES :
250 G DE PATE A CHOUX
(RECETTE 11)
400 G DE CRÈME PATISSIÈRE
AU CAFÉ (RECETTE 25)
OU AU CHOCOLAT (RECETTE 26)
(OU 200 G DE CHACUNE DES CRÈMES)
GLAÇAGE AU CHOCOLAT
(RECETTE 27)
PRÉPARÉ AVEC 100 G DE CHOCOLAT
OU GLAÇAGE AU FONDANT
AU CAFÉ (RECETTE 28) PRÉPARÉ
AVEC 300 G DE FONDANT NEUTRE

MATÉRIEL :

POCHE A DOUILLE ∅ 1,5 CM
ET DOUILLE ∅ 0,6 OU 0,3 CM
PAPIER SILICONÉ
COUTEAU-SCIE
PLAQUE DU FOUR

Chauffez le four à 220° (th. 7).
Préparez la pâte à choux.
Sur la plaque du four beurrée ou recouverte de papier siliconé, dressez 10 bâtonnets de 10 cm de long à l'aide de la poche à douille ∅ 1,5 cm.
Cuisez à 220° (th. 7) pendant 15 mn puis à 200° (th. 6) pendant 15 mn encore, en maintenant le four entrouvert à l'aide d'une cuiller. Laissez refroidir. Pendant la cuisson préparez la crème pâtissière. Vous pouvez en préparer la moitié au café et l'autre moitié au chocolat si vous voulez servir les deux sortes d'éclairs à la fois.
Quand les éclairs sont froids, fendez-les sur un côté avec un couteau-scie et garnissez-les de crème à l'aide de la poche à douille ∅ 0,6 cm ou bien percez le dessous de l'éclair avec un couteau et remplissez-le de crème à l'aide de la poche à douille ∅ 0,3 cm.
Dans ce cas, vous servirez les éclairs dans des caissettes en papier ou posés sur le plat de service garni d'une dentelle en papier.
Glacez les éclairs avec le glaçage correspondant à la garniture. Mettez-les au frais.
Si vous n'avez pas de fondant, vous pouvez préparer un caramel en cuisant 125 g de sucre semoule dans 3 cuillerées à soupe d'eau et 3 gouttes de jus de citron.
Trempez le dessus de chaque éclair dans ce caramel et retournez-le pour le laisser refroidir.
Dégustez le jour-même. Maintenez les éclairs au frais avant de servir.

114

GROS ÉCLAIRS A LA CHANTILLY

Photo page 183

PRÉPARATION : 30 MN

CUISSON : 35 MN ENVIRON

INGRÉDIENTS POUR 10 PIÈCES :

300 G DE PATE A CHOUX
(RECETTE 11)
80 G D'AMANDES HACHÉES
300 G DE CHANTILLY (RECETTE 13)
CARAMEL FAIT AVEC 200 G
DE SUCRE SEMOULE
ET 3 GOUTTES DE JUS DE CITRON

MATÉRIEL :

POCHE A DOUILLE $\varnothing$ 1,5 CM
DOUILLE CANNELÉE
COUTEAU-SCIE
PETITE CASSEROLE A FOND ÉPAIS

Préparez la pâte à choux.

Sur la plaque du four beurrée ou recouverte de papier siliconé, dressez 10 bâtonnets de 15 cm de long à l'aide de la poche à douille $\varnothing$ 1,5 cm. Striez la surface dans la longueur avec une fourchette trempée dans du lait. Parsemez la surface d'amandes hachées.

Cuisez à 220° (th. 7) pendant 15 mn puis à 200° (th. 6) pendant 20 mn en maintenant le four entrouvert par une cuiller. Laissez refroidir.

Pendant la cuisson, préparez la Chantilly bien ferme.

Préparez le caramel en cuisant le sucre dans 4 cuillerées à soupe d'eau et en y ajoutant le citron.

Trempez le dessus de chaque éclair dans le caramel et posez le côté caramélisé sur la plaque du four. Laissez refroidir.

Fendez les éclairs sur un côté avec un couteau-scie. Garnissez-les copieusement avec la Chantilly à l'aide de la douille cannelée. Mettez au frais.

Servez rapidement. Les éclairs ne doivent pas attendre plus de 2 h.

Eclairs au chocolat, éclairs au café (recettes page 181)
Salambos (recette page 191), choux pralinés (recette page 177)
Gros éclairs à la Chantilly (recette ci-dessus)

115
ÉCLAIRS MARTINIQUAIS

PRÉPARATION : 30 MN

CUISSON :   MN

INGRÉDIENTS POUR 10 PIÈCES :

250 G DE PATE A CHOUX (RECETTE 11)
350 G DE CRÈME PATISSIÈRE (RECETTE 24)
2 CUILLERÉES A SOUPE DE KIRSCH (FACULTATIF)
80 G D'ANANAS ET 2 TRANCHES POUR LE DÉCOR

GLAÇAGE : FONDANT BLANC (RECETTE 28) FAIT AVEC 300 G DE FONDANT NEUTRE

MATÉRIEL :

POCHES A DOUILLE ⌀ 1,5 CM ET 1 CM
PLAQUE DU FOUR
PAPIER SILICONÉ
COUTEAU-SCIE

Préparez la pâte à choux.

Sur la plaque du four beurrée ou recouverte d'un papier siliconé, dressez 10 bâtonnets de 10 cm de long à l'aide de la poche à douille ⌀ 1,5 cm.

Cuisez à 220° (th. 7) pendant 15 mn puis à 200° (th. 6) pendant 15 mn encore en maintenant le four entrouvert avec une cuiller. Laissez refroidir.

Pendant la cuisson préparez la crème pâtissière que vous parfumez ou non de kirsch suivant votre goût.

Coupez l'ananas en très petits dés après en avoir réservé 2 tranches pour le décor. Mélangez l'ananas haché à la crème.

Quand les éclairs sont froids, fendez-les sur un côté avec un couteau-scie et garnissez-les de crème à l'aide de la poche à douille ⌀ 1 cm.

Préparez le fondant blanc. Trempez le dessus de l'éclair dans le fondant légèrement tiède. Retournez-le et posez 2 petits quartiers d'ananas en vis-à-vis sur le fondant pour le décor.

Dégustez dans la journée en maintenant les éclairs au frais avant de servir.

116

MERINGUES A LA CHANTILLY

Photo page 179

Avec des coques de meringue préparées à l'avance, vous pourrez préparer très rapidement un dessert surprise.

PRÉPARATION : 10 MN

MATÉRIEL :

INGRÉDIENTS POUR 10 PERSONNES :

RAMEQUINS
OU 10 CAISSETTES EN PAPIER
POCHE A DOUILLE CANNELÉE
⌀ 2 CM

20 COQUES DE MERINGUE
FRANÇAISE (RECETTE 7)
450 G DE CHANTILLY (RECETTE 13)

Préparez la Chantilly.
Posez 2 coques de meringue dans chaque caissette en papier ou chaque ramequin.
Disposez-les de telle sorte que les côtés plats soient face à face.
Remplissez la poche à douille cannelée de Chantilly bien ferme.
D'une main, maintenez les coques écartées et de l'autre garnissez le centre de Chantilly.
Mettez au froid et servez le plus rapidement possible. Les meringues à la Chantilly ne doivent pas attendre plus de 2 h.

117

MERINGUES TÊTE DE NÈGRE

Photo page 179

Ce sont des coques de meringue garnies de crème au beurre (ou de mousse) au chocolat et roulées dans du vermicelle de chocolat. Ce dessert a le grand avantage de pouvoir être préparé deux ou trois jours à l'avance.

PRÉPARATION : 20 MN

INGRÉDIENTS POUR 10 PERSONNES :

TEMPS DE REPOS : 1 H

20 COQUES RONDES DE MERINGUE
FRANÇAISE (RECETTE 7)

185

500 g de crème au beurre
au chocolat (recette 22)
ou 500 g de mousse
au chocolat (recette 30)
200 g de vermicelle
ou de pailleté de chocolat
ou de chocolat en tablette

MATÉRIEL :

10 caissettes en papier
poche a douille ⌀ 1 cm
plat, palette
couteau épluche-légumes

Préparez la crème au beurre ou la mousse au chocolat.
Couvrez le côté plat d'une coque de meringue d'une épaisse couche de crème ou de mousse à l'aide de la poche à douille. Posez la deuxième coque sur la crème en appuyant.
Garnissez toutes les coques après avoir réservé 150 g de crème pour la finition, gardée à température ambiante.
Posez les meringues sur un plat et mettez-les au froid pendant 30 mn.
Sortez-les du réfrigérateur et recouvrez-en toute la surface avec le reste de crème au beurre ou de mousse. Pour cela utilisez la palette, tenez la meringue piquée par une coque au bout d'un couteau pointu.
Roulez les meringues dans le vermicelle ou le pailleté de chocolat ou bien dans des copeaux de chocolat râpé sur une tablette à l'aide du couteau épluche-légumes.
Posez chaque tête de nègre dans une caissette en papier. Mettez au froid pendant 30 mn au moins avant de servir.

Conservation : 2 à 3 jours au frais.

118

MONT-BLANC

De la Chantilly neigeuse, décorée de tortillons de crème de marrons sur fond de pâte sucrée.

préparation : 30 mn

cuisson : 12 mn

ingrédients pour 10 pièces :

250 g de pate sablée sucrée
(recette 12)

chantilly préparée avec 450 g
de crème fraiche (recette 13)
200 g de crème
de marrons sucrée
2 cuillerées a soupe de rhum
ou de lait (facultatif)

MATÉRIEL :

POCHE A DOUILLE CANNELÉE
ET DOUILLE DENTELÉE
EMPORTE-PIÈCE ∅ 5 CM
PAPIER SILICONÉ
PLAQUE DU FOUR

Préparez la pâte sablée sucrée à l'avance, si possible la veille.
Chauffez le four à 200° (th. 6).
Sur le plan de travail légèrement fariné, abaissez la pâte et découpez 10 disques ∅ 8 cm. Piquez-les avec une fourchette et posez-les sur la plaque du four.
Cuisez pendant 12 mn en surveillant la couleur.
Pendant la cuisson, délayez la crème de marrons si elle vous paraît très épaisse avec le rhum ou avec le lait suivant votre goût.
Préparez la Chantilly.
Les disques de pâte doivent être froids; au besoin passez-les au réfrigérateur 10 mn avant de les utiliser.
Avec la poche à douille cannelée, dressez la Chantilly sur les disques de pâte en formant de grosses rosaces pointues comme de petites montagnes.
Remplissez de crème de marrons une poche à douille très fine ou dentelée, afin que la crème de marrons tombe en vermicelle sur la Chantilly.
Mettez au frais et servez froid quelques heures au plus après la préparation.

Variante : Le Mont-Blanc peut être préparé en utilisant 2 coques ovales de meringue française à la place du fond de pâte sucrée.
Dans ce cas dressez la Chantilly comme pour les meringues Chantilly et couvrez de vermicelle de crème de marrons.

119

NOISETTINES

Photo page 179

PRÉPARATION : 30 MN
TEMPS DE REPOS : 1 H

INGRÉDIENTS POUR 10 PIÈCES :
20 FONDS DE SUCCÈS

350 G DE CRÈME AU BEURRE PRALINÉE (RECETTE 23)
50 G DE SUCRE GLACE
100 G DE NOISETTES GRILLÉES HACHÉES

MATÉRIEL :

10 CERCLES ⌀ 6 CM EN MÉTAL
PALETTE, POUDRETTE

La veille préparez les fonds de Succès.
Préparez la crème au beurre pralinée le jour de son emploi.
Dans un cercle de métal ou à défaut à l'intérieur d'une caissette en matière plastique, posez un fond de Succès, recouvrez-le d'une couche de crème pralinée. Parsemez de noisettes hachées. Posez le deuxième fond en appuyant et couvrez de crème étalée à ras du bord du cercle à l'aide d'une palette.
Mettez au froid 1 h.
Décerclez à l'aide d'une éponge chaude passée sur le cercle de métal ou trempez le fond de la caissette dans l'eau chaude.
Saupoudrez de sucre glace.
Dégustez le jour-même ou le lendemain, à condition de les tenir au frais.

120

PARIS-BREST

Photo page 141

Trois garnitures différentes pour ce même dessert. Les cercles de pâte à choux peuvent être cuits la veille et conservés au frais dans un sac en plastique.

PRÉPARATION : 30 MN
CUISSON : 30 MN

INGRÉDIENTS POUR 10 PIÈCES :
200 G DE PATE A CHOUX
(RECETTE 11)
80 G D'AMANDES HACHÉES

GARNITURE :
1° 200 G DE CRÈME PATISSIÈRE
(RECETTE 24)
50 G DE PRALINÉ EN POUDRE
100 G DE BEURRE

2° OU 300 G DE CHANTILLY
(RECETTE 13)
1 CUILLERÉE A SOUPE DE CAFÉ FORT

3° OU 300 G DE CRÈME CHIBOUST
(RECETTE 19)

MATÉRIEL :

POCHE A DOUILLE ⌀ 1,5 CM
ET DOUILLE CANNELÉE
PAPIER SILICONÉ
COUTEAU-SCIE, FOUET
PLAQUE DU FOUR

Chauffez le four à 220° (th. 7.)
Préparez la pâte à choux. Dressez sur la plaque du four beurrée ou recouverte de papier siliconé 10 cercles de pâte ⌀ 6 cm, à l'aide de la poche à douille ⌀ 1,5 cm. (Vous pouvez dessiner à l'avance les cercles sur la plaque ou le papier pour obtenir un dressage bien régulier.) Parsemez la surface des cercles d'amandes hachées.
Cuisez pendant 30 mn à 220° (th. 7) en maintenant le four entrouvert avec une cuiller. Si la pâte à choux colore, baissez éventuellement le four à 200° (th. 6) après 15 mn de cuisson.
Pendant la cuisson préparez la garniture choisie.
Laissez refroidir les choux. Coupez-les en deux horizontalement avec un couteau-scie.

Garniture du Paris-Brest

1° *Avec la crème pâtissière*
Travaillez au fouet le beurre pommade et le praliné pour obtenir une crème légère que vous incorporerez à la crème pâtissière froide. Travaillez encore 1 mn au fouet pour augmenter la légèreté.
Garnissez la partie inférieure des cercles de pâte avec cette crème légère à l'aide de la poche à douille cannelée. Replacez la moitié supérieure du cercle sur la crème. Saupoudrez de sucre glace.

2° *Crème Chantilly*

3° *Crème Chiboust*

Préparez la crème choisie. Pour la Chantilly, parfumez-la avec le café fort et garnissez en suivant les explications ci-dessus.
Le Paris-Brest doit être dégusté le jour même, maintenez-le au frais avant de le servir.

121
PUITS D'AMOUR

Ce sont des petits puits de pâte à choux garnis de crème pâtissière.

PRÉPARATION : 30 MN

CUISSON : 20 MN

INGRÉDIENTS POUR 10 PIÈCES :

100 G DE PATE A CHOUX (RECETTE 11)
450 G DE CRÈME PATISSIÈRE (RECETTE 24)

ou chiboust (recette 19)
100 g de sucre semoule
50 g de beurre pour les moules
caramel préparé avec 200 g
de sucre et 3 gouttes
de jus de citron

matériel :

10 moules a tartelettes
⌀ 8 cm et 2,5 cm hauteur
poche a douille ⌀ 1 cm
et douille cannelée
pinceau
fer plat et long ou gril

Utilisez de préférence des moules à bord lisse et assez haut. Beurrez-les légèrement au pinceau.
Chauffez le four à 220º (th. 7).
Préparez la pâte à choux. Lorsqu'elle est froide posez une noix de pâte dans chaque moule à l'aide d'une cuiller puis, avec l'index, chemisez le moule uniformément avec cette pâte.
Cuisez à 220º (th. 7) pendant 20 mn en maintenant le four entrouvert avec une cuiller. Diminuez la température à mi-cuisson si la coloration est obtenue trop rapidement.
Pendant la cuisson, préparez la crème pâtissière. Laissez-la tiédir. Démoulez les puits chauds, laissez refroidir.
Préparez le caramel en cuisant le sucre dans 4 cuillerées à soupe d'eau et en y ajoutant le jus de citron. Trempez le bord des puits dans le caramel et retournez-les pour les laisser refroidir.
Garnissez-les de la crème choisie avec la poche à douille cannelée en formant un dôme. Saupoudrez la surface de sucre semoule que vous caramélisez soit en appliquant rapidement un fer rougi au feu sur la surface en dessinant des croisillons, soit en passant au gril pendant 1 mn en surveillant attentivement la coloration.
Dégustez froid dans la journée, maintenez-les au frais avant de les servir.

122

SAINT-HONORÉ

Photo page 145

préparation : 30 mn
cuisson : 30 mn

ingrédients pour 10 pièces :
100 g de chutes de feuilletage classique (recette 3) ou rapide (recette 4) fait a l'avance

200 g de pate a choux
(recette 11)
400 g de chantilly (recette 13)
ou de crème chiboust (recette 18)
caramel fait avec 200 g
de sucre semoule et 3 gouttes
de jus de citron

MATÉRIEL :

POCHES A DOUILLE ⌀ 1 CM ET 0,3 CM
ROULEAU
EMPORTE-PIÈCE ⌀ 8 CM
PINCEAU, PLAQUE DU FOUR
PAPIER SILICONÉ

Préparez le feuilletage à l'avance et sur le plan de travail légèrement fariné, abaissez la pâte froide à 1 mm d'épaisseur. Découpez 10 disques ⌀ 8 cm. Piquez-les avec une fourchette et laissez-les reposer sur la plaque du four beurrée ou recouverte d'un papier siliconé. Pendant ce temps préparez la pâte à choux et mouillez légèrement au pinceau le tour des fonds de feuilletage.
Chauffez le four à 220º (th. 7).
Dressez à l'aide de la poche à douille ⌀ 1 cm un cercle de pâte à choux à 1/2 cm du bord de chaque fond de feuilletage. Dressez à côté des fonds sur la plaque du four 30 petits choux de la taille d'une noisette.
Cuisez à 220º (th. 7) en maintenant le four entrouvert à l'aide d'une cuiller. La cuisson des petits choux dure 20 mn, celle des fonds 10 mn de plus.
Pendant la cuisson, préparez la Chantilly ou la crème Chiboust.
Dès la sortie du four, préparez le caramel en cuisant le sucre semoule dans 4 cuillerées à soupe d'eau et en ajoutant le jus de citron. Trempez le sommet de chaque chou dans ce caramel en vous aidant avec la pointe d'un couteau et posez le côté caramélisé sur la plaque du four pour le laisser refroidir. Après quelques minutes, trempez l'autre côté dans le caramel.
Collez 3 petits choux sur chaque cercle de pâte. En général, ces petits choux ne sont pas garnis mais si vous le désirez, vous pouvez préparer 150 g de crème pâtissière en plus et les garnir en perçant la partie inférieure et en introduisant la crème à l'aide d'une poche à douille ⌀ 0,3 cm. La crème Chiboust est trop fragile pour être utilisée comme garniture des petits choux.
Remplissez le centre du gâteau avec la crème choisie à l'aide de la poche à douille cannelée. Mettez au frais.
Dégustez dans la journée.

123

SALAMBOS

Photo page 183

Ce sont de petits choux caramélisés garnis de crème pâtissière parfumée au rhum, au kirsch ou au grand-marnier selon votre goût.

PRÉPARATION : 30 MN

CUISSON : 30 MN

INGRÉDIENTS POUR 10 PIÈCES :

250 G DE PATE A CHOUX
(RECETTE 11)
400 G DE CRÈME PATISSIÈRE
(RECETTE 24)
2 CUILLERÉES A SOUPE DE RHUM,
DE KIRSCH OU DE GRAND-MARNIER
CARAMEL FAIT AVEC 125 G
DE SUCRE SEMOULE ET 3 GOUTTES
DE JUS DE CITRON
OU FONDANT (RECETTE 28)
PRÉPARÉ AVEC 300 G
DE FONDANT NEUTRE

MATÉRIEL :

POCHES A DOUILLE ⌀ 1,5
ET 0,3 CM
PETITE CASSEROLE A FOND ÉPAIS
PLAQUE DU FOUR
DENTELLE OU CAISSETTES

Préparez la pâte à choux. Je vous conseille d'en préparer 800 g, comme il est indiqué sur la fiche car elle se conserve 8 jours.

Sur la plaque du four beurrée ou recouverte d'un papier siliconé, dressez 10 ovales de pâte de 3 × 7 cm à l'aide de la poche à douille ⌀ 1,5 cm.

Cuisez à 220° (th. 7) pendant 30 mn environ. Laissez refroidir.

Pendant la cuisson, préparez la crème pâtissière à laquelle vous ajouterez l'alcool choisi, pendant le refroidissement.

Lorsque les choux et la crème sont froids, piquez les fonds des choux avec un couteau et garnissez-les de crème à l'aide de la poche à douille ⌀ 0,3 cm. Préparez le caramel en cuisant le sucre dans 3 cuillerées à soupe d'eau et en ajoutant le jus de citron. Trempez le dessus de chaque chou dans ce caramel et posez le côté caramélisé sur la plaque du four pour les laisser refroidir.

Après quelques minutes, posez-les éventuellement dans les caissettes en papier ou sur le plat de service garni d'une dentelle.

Au lieu d'être caramélisés, les choux au grand-marnier peuvent être glacés avec un fondant rose tendre et les choux au kirsch avec un fondant vert clair. Pour les glacer, on trempe le dessus des choux déjà garnis dans le fondant légèrement tiède et on les retourne pour les laisser refroidir.

Dégustez les salambos froids le jour-même de leur préparation.

Savarins (recette page 194)

124

SAVARINS

Photo page 193

Trois garnitures possibles : Chantilly, crème pâtissière ou salade de fruits.

PRÉPARATION : 20 MN

CUISSON : 15 MN

INGRÉDIENTS POUR 10 PIÈCES :

250 G DE PATE A BABAS
(RECETTE 62)
50 G DE BEURRE POUR LES MOULES
SIROP A BABAS FAIT AVEC 350 G
DE SUCRE SEMOULE ET 2 CUILLERÉES
A SOUPE DE RHUM VIEUX
OU 1 CUILLERÉE A CAFÉ DE
VANILLE EN POUDRE OU LIQUIDE
100 G D'ABRICOTAGE
OU DE NAPPAGE PATISSIER
1 DL DE RHUM VIEUX

MATÉRIEL :

POCHE A DOUILLE CANNELÉE
10 MOULES A BABAS INDIVIDUELS
OU MOULES A TARTELETTES
PINCEAU
GRILLE

Beurrez les moules très légèrement avec un pinceau. Garnissez chaque moule avec 25 g de pâte; chemisez le moule uniformément avec l'index (la pâte colle au doigt mais n'utilisez pas de farine). Laissez gonfler 30 mn à température ambiante.

Chauffez le four à 200° (th. 6), 15 mn à l'avance. Cuisez pendant 15 mn. Laissez tiédir.

Pendant la cuisson, préparez le sirop à babas en cuisant le sucre et le rhum (ou la vanille) dans 5 dl d'eau.

Dans le sirop chaud, trempez les savarins qui doivent être imbibés à cœur, puis laissez-les égoutter sur une grille (voir photo page 193). Arrosez-les d'un mélange de rhum et de sirop à babas en quantités égales. Abricotez au pinceau. Laissez refroidir.

Garnitures :

1° 250 g de *Chantilly nature* (recette 13).

2° 500 g de *crème pâtissière* (recette 24).

La Chantilly doit être montée au dernier moment mais la crème pâtissière a pu être préparée à l'avance.

Garnissez les savarins de la crème choisie à l'aide de la poche à douille cannelée en dressant la crème au centre.

Décorez d'une cerise confite ou de trois raisins secs.

3° 400 g de *salade de fruits,* ou de fruits rouges (fraises, framboises). Préparez la salade et parfumez-la au kirsch, ou prenez des fruits au sirop coupés en dés (par exemple : poires, mirabelles, abricots, ananas et cerises). Dressez ces fruits au centre des savarins.

Vous pouvez préparer ce dessert pour les enfants. Dans ce cas, parfumez le sirop à babas à la vanille et n'arrosez pas de rhum.

125
SUCCÈS

Deux coques de Succès, garnies de crème au beurre pralinée. C'est un dessert qui se conserve bien.

PRÉPARATION : 30 MN

CUISSON : 45 MN

INGRÉDIENTS POUR 10 PIÈCES :

20 COQUES DE SUCCÈS (RECETTE 5)
FAITES AVEC :
3 BLANCS D'ŒUFS
110 G DE SUCRE SEMOULE
60 G DE SUCRE GLACE
60 G D'AMANDES EN POUDRE
2 CUILLERÉES A SOUPE DE LAIT
400 G DE CRÈME AU BEURRE PRALINÉE (RECETTE 23)
100 G DE CHAPELURE DE BISCUITS
100 G DE SUCRE GLACE

MATÉRIEL :

POCHES A DOUILLE ⌀ 2 ET 1 CM
PALETTE, FOUET ÉLECTRIQUE
10 CAISSETTES
PAPIER SILICONÉ
POUDRETTE
PLAQUE DU FOUR

Suivez les explications de la recette des fonds de Succès avec les quantités données ci-dessus.

Chauffez le four à 150° (th. 4-5).

Beurrez et farinez la plaque du four ou recouvrez-la de papier siliconé, collé aux quatre coins avec une goutte de pâte. Dessinez des cercles ⌀ 4 cm, espacés les uns des autres et dressez des boules de pâte sur ces cercles à l'aide de la poche à douille ⌀ 2 cm (voir photo 9, p. 27).

Cuisez 45 mn environ en surveillant la couleur. Laissez refroidir. Pendant la cuisson, préparez la crème au beurre pralinée.

Garnissez le côté plat de la moitié des coques d'une couche de crème à l'aide de la poche à douille ⌀ 1 cm, après avoir réservé un peu de crème pour la finition.

Au fur et à mesure de leur préparation posez les coques dans une caissette pour qu'elles ne roulent pas.

Collez les deuxièmes coques et égalisez l'anneau de crème à l'aide d'une palette avec le reste de crème et roulez-les dans la chapelure de biscuit. Saupoudrez copieusement de sucre glace. Déposez les Succès dans leurs caissettes.

Conservation : Les coques seules peuvent se conserver 15 jours au sec dans une boîte hermétique.

Les gâteaux finis se conservent très bien au frais trois à quatre jours.

126

TARTELETTES AUX FRUITS (recette de base)

PRÉPARATION : 10 MN

CUISSON : 15 MN

INGRÉDIENTS POUR 10 PIÈCES :

300 G DE PATE SABLÉE SUCRÉE (RECETTE 12)
250 A 400 G DE FRUITS CRUS OU CUITS
400 G DE CRÈME D'AMANDES (RECETTE 17)
100 G D'ABRICOTAGE OU DE GELÉE

MATÉRIEL :

10 CERCLES OU MOULES ⌀ 8 CM
OU PETITS MOULES RECTANGULAIRES
PLAQUE DU FOUR
PINCEAU, ROULEAU

Tartelettes aux fruits (recette ci-dessus),
aux abricots, aux cerises, aux poires (recettes pages 198-199),
coup de soleil (recette page 202)

Sur un plan de travail fariné, abaissez la pâte sans la travailler.
Foncez les moules ou les cercles, posez-les sur la plaque du four.
Mettez au frais 1 h.
Préparez la crème d'amandes.
Chauffez le four à 220° (th. 7).
Garnissez les fonds de crème d'amandes et cuisez-les pendant 15 mn, avant ou après les avoir garnis des fruits égouttés (selon les fruits choisis, voir ci-dessous recettes 127 à 133).
Démoulez à la sortie du four.
Les tartelettes seront nappées après cuisson d'un abricotage chaud ou de gelée de fruits comme gelée de pommes, groseilles ou framboises, ou d'un nappage pâtissier, mis à froid avec un pinceau.

127

TARTELETTES AUX CERISES

Photo page 197

PRÉPARATION : 10 MN

CUISSON : 20 MN

250 G DE CERISES POUR 10 PIÈCES

Suivez la recette de base (voir page 196) et couvrez la crème d'amandes avec les cerises fraîches dénoyautées *avant* la cuisson.

128

TARTELETTES AUX MIRABELLES

Photo page 201

PRÉPARATION : 10 MN

CUISSON : 20 MN

300 G DE FRUITS POUR 10 PIÈCES

Suivez la recette de base (voir page 196) et couvrez la crème d'amandes de mirabelles au sirop égouttées ou fraîches dénoyautées *avant* la cuisson.

129
TARTELETTES AUX MYRTILLES
Photo page 201

PRÉPARATION : 10 MN   400 G DE FRUITS POUR 10 PIÈCES
CUISSON : 20 MN

Suivez la recette de base (voir page 196).
Cuisez les fonds garnis de crème d'amandes. Laissez-les refroidir et garnissez-les avec les myrtilles au sirop égouttées.

130
TARTELETTES AUX POIRES
Photo page 197

PRÉPARATION : 10 MN   250 G DE FRUITS POUR 10 PIÈCES
CUISSON : 20 MN

Suivez la recette de base (voir page 196). *Avant la cuisson*, garnissez la crème d'amandes de poires au sirop ou de poires fraîches, très mûres, coupées en fines lamelles et reconstituant la forme d'une demi-poire (voir photo page 172), ou de 2 épaisses tranches de poires (voir photo page 197).
On peut également garnir de fruits après cuisson, lorsque l'on a utilisé des fruits au sirop, la présentation sera moins réussie mais les fruits ne seront pas recuits.

131
TARTELETTES AUX ABRICOTS
Photo page 197

PRÉPARATION : 10 MN   CUISSON : 25 MN

199

INGRÉDIENTS POUR 10 PIÈCES :

300 G DE PATE BRISÉE (RECETTE 10)
OU DE PATE SABLÉE SUCRÉE
(RECETTE 12)
25 G DE BISCUITS
30 A 40 OREILLONS D'ABRICOTS FRAIS
OU AU SIROP

100 G D'ABRICOTAGE
OU DE NAPPAGE PATISSIER
200 G DE SUCRE SEMOULE
(SI VOUS UTILISEZ DES FRUITS FRAIS)

Chauffez le four à 200° (th. 6).
Foncez les moules ou les cercles de pâte brisée ou sablée sucrée, parsemez les fonds de pâte des biscuits écrasés grossièrement. Ils absorberont le jus que les fruits rendent pendant la cuisson.
Disposez les oreillons d'abricots en les faisant se chevaucher légèrement (égouttez-les avant d'en garnir la tarte si vous utilisez des fruits au sirop). Saupoudrez de sucre semoule si ce sont des fruits frais.
Cuisez 25 mn. Démoulez à la sortie du four.
Abricotez ou nappez à l'aide d'un pinceau.

132

TARTELETTES A L'ANANAS

Photo page 201

PRÉPARATION : 15 MN

CUISSON : 20 MN

INGRÉDIENTS POUR 10 PIÈCES :

350 G DE FEUILLETAGE CLASSIQUE
(RECETTE 3) OU RAPIDE (RECETTE 4)
FAIT A L'AVANCE
200 G DE CRÈME PATISSIÈRE
(RECETTE 24) FAITE AVEC :
1/4 DE LITRE DE LAIT
1 CUILLERÉE A SOUPE DE RHUM VIEUX
300 G D'ANANAS EN TRANCHES
5 BIGARREAUX CONFITS
100 G D'ABRICOTAGE (FACULTATIF)

MATÉRIEL :

ROULEAU
EMPORTE-PIÈCE ∅ 9 CM
EMPORTE-PIÈCE ∅ 6 CM
PINCEAU
PLAQUE DU FOUR

Tartelettes aux fruits (recette page 196), aux mirabelles, aux myrtilles (recettes pages 198-199), à l'ananas (recette ci-dessus)

Chauffez le four à 220° (th. 7).

Sur un plan de travail légèrement fariné, abaissez le feuilletage à 2 mm d'épaisseur et découpez 20 disques ⌀ 9 cm dans cette abaisse à l'aide de l'emporte-pièce : piquez 10 ronds avec une fourchette et évidez les 10 autres à l'emporte-pièce ⌀ 6 cm (voir photo p. 201). Pour préparer des tartelettes carrées comme sur la photo, découpez un seul carré de pâte de 8 cm de côté. Pliez-le en triangle, incisez-le à 1 cm du bord, le long des 2 petits côtés en ne coupant pas jusqu'à la pointe. Remettez à plat et rabattez les pointes découpées en les croisant pour les ramener sur la pointe opposée. La torsade se forme ainsi toute seule (voir photo p. 201). Piquez les fonds à la fourchette. Collez à l'eau à l'aide d'un pinceau un fond évidé sur un fond plein ou bien les bandes des tartes carrées avant de les rabattre. Posez ces formes non garnies sur la plaque du four.

Cuisez à 220° (th. 7) pendant 20 mn en surveillant la couleur. Laissez refroidir.

Pendant ce temps préparez la crème pâtissière que vous parfumez avec le rhum.

Garnissez les fonds cuits et refroidis d'une couche de crème puis de quartiers d'ananas égouttés disposés en éventail. Décorez d'un demi-bigarreau confit au centre.

Nappez d'abricotage à l'aide d'un pinceau (facultatif). Servez le plus rapidement possible car le feuilletage ramollit très vite.

Conseil : Les emporte-pièce peuvent être remplacés par un verre ou un moule rond de même diamètre.

133

TARTELETTES COUP DE SOLEIL

Photo page 197

C'est une tarte recouverte de crème pâtissière.

PRÉPARATION : 15 MN

CUISSON : 15 MN

INGRÉDIENTS POUR 10 PIÈCES :

350 G DE PATE SABLÉE SUCRÉE (RECETTE 12)
500 G DE CRÈME PATISSIÈRE (RECETTE 24)
200 G DE POIRES FRAICHES OU AU SIROP
50 G DE SUCRE SEMOULE

MATÉRIEL :

10 MOULES ⌀ 8 CM
OU CERCLES ⌀ 8 CM
FER PLAT ET LONG
ROULEAU
DISQUE DE PAPIER, LENTILLES
PALETTE
PLAQUE DU FOUR

Préparez la pâte la veille.
Le jour de la préparation, abaissez-la à 3 mm d'épaisseur sur un plan de travail légèrement fariné. Foncez les moules ou les cercles posés sur la plaque du four. Piquez les fonds de pâte et laissez-les reposer 1 h.
Chauffez le four à 200° (th. 6) 15 mn avant la cuisson.
Cuisez les fonds recouverts de disques de papier et de lentilles. Laissez-les refroidir ; ôtez papier et lentilles et démoulez.
Pendant la cuisson préparez la crème pâtissière. Laissez-la refroidir. Pelez et coupez les poires en lamelles fines.
Sur les fonds cuits et froids, étalez une fine couche de crème pâtissière froide et disposez les poires coupées. Recouvrez de crème pâtissière en formant un léger dôme lissé à l'aide d'une palette mouillée.
Saupoudrez de sucre semoule et caramélisez avec un fer plat rougi au feu.
Les différents éléments de cette recette peuvent être préparés à l'avance (le matin pour le soir par exemple), mais le dressage et le caramel doivent être faits au dernier moment.

Variantes : Cette recette peut être préparée avec des pêches, ananas, bananes, cerises, fraises ou framboises frais ou au sirop ou bien avec des groseilles ou des abricots au sirop, ces deux fruits étant trop acides pour être employés frais dans cette recette.

134

VAL-D'ISÈRE

C'est un très bon dessert d'hiver à base de pâte d'amandes mousseuse parfumée au kirsch.

PRÉPARATION : 30 MN LA VEILLE   CUISSON : 15 MN
30 MN LE JOUR MÊME

INGRÉDIENTS POUR 12 PIÈCES :

MATÉRIEL :

250 G DE PATE SABLÉE SUCRÉE
(RECETTE 12)
6 BISCUITS A LA CUILLER
(RECETTE 1)
400 G DE PATE D'AMANDES
(RECETTE 18)
1/2 DL DE KIRSCH
100 G DE NOIX EN POUDRE
100 G DE BEURRE
SIROP AU KIRSCH FAIT AVEC 100 G
DE SUCRE SEMOULE ET 4 CUILLERÉES
A SOUPE DE KIRSCH
400 G DE GLAÇAGE AU CHOCOLAT
(RECETTE 27)
36 CERNEAUX DE NOIX
POUR LE DÉCOR

12 CERCLES OU MOULES A TARTE
⌀ 8 CM ET 1,5 CM DE HAUT
BROYEUR ÉVENTUELLEMENT
BOL, PALE ÉLECTRIQUE
OU FOUET
PALETTE, PLAQUE DU FOUR
PAPIER, LENTILLES

La pâte et les biscuits à la cuiller sont préparés à l'avance.

La veille de la préparation de préférence, mais éventuellement le jour même, abaissez la pâte sur un plan de travail légèrement fariné et foncez les moules ou les cercles, posez-les sur la plaque du four avec la pâte à ras bord. Piquez les fonds avec une fourchette. Mettez-les au frais.

Chauffez le four à 200° (th. 6) 15 mn avant la cuisson.

Cuisez les fonds garnis de disques de papier et de lentilles. Laissez-les refroidir. Enlevez papier et lentilles et démoulez.

Pendant la cuisson, préparez le sirop en cuisant le sucre et le kirsch dans 4 cuillerées à soupe d'eau. Broyez 100 g de noix en poudre fine, si vous n'avez pas de noix en poudre toute préparée.

Dans un bol, mélangez avec la pale à petite vitesse la pâte d'amandes et le kirsch. Lorsque la pâte est bien lisse, incorporez le beurre encore dur et fouettez à petite vitesse pendant 5 mn, pour obtenir un appareil léger et crémeux. Incorporez enfin la poudre de noix en continuant à fouetter.

Garnissez chaque fond de tarte d'une fine couche de cette préparation à l'aide d'une palette, puis posez une moitié de biscuit à la cuiller imbibé de sirop au kirsch. Recouvrez de la préparation en formant un dôme que vous lissez avec la palette mouillée. Mettez au froid pendant 15 mn.

Pendant ce temps, préparez le glaçage au chocolat, trempez les dômes dans le glaçage, égalisez les bords à la palette et décorez de 3 cerneaux de noix par gâteau.

Conservation : 3 à 4 jours au frais.

CHAPITRE VII

ENTREMETS CHAUDS DE CUISINE

RECETTES : 135 BEIGNETS MILLE FRUITS

136 CRÊPES SUZETTE

137 GAUFRES

138 OMELETTE FLAMBÉE AU RHUM

139 SOUFFLÉ AUX AMANDES

140 SOUFFLÉ AU CITRON ÉTOILÉ

141 SOUFFLÉ AU CHOCOLAT

142 SOUFFLÉ AU GRAND-MARNIER

143 SOUFFLÉ AUX MARRONS

144 SOUFFLÉ AUX PISTACHES

145 SOUFFLÉ PRALINÉ

146 SOUFFLÉ A LA NOIX DE COCO

147 SOUFFLÉ AUX POMMES

148 SOUFFLÉ A LA VANILLE

135

BEIGNETS MILLE FRUITS

PRÉPARATION : 10 MN
TEMPS DE REPOS : 2 H
CUISSON : 8 MN PAR BAIN
INGRÉDIENTS POUR 10 PERSONNES :

MATÉRIEL :
FRITEUSE
BOL ET FOUET OU MIXER
VIDE-POMME

PATE A FRIRE :

240 G DE FARINE
130 G DE LAIT
1 DL DE BIÈRE
2 JAUNES D'ŒUFS
3 CUILLERÉES A SOUPE D'HUILE
10 G DE LEVURE DE BOULANGER
DÉLAYÉE DANS UNE CUILLERÉE
A SOUPE DE LAIT
2 BLANCS D'ŒUFS
800 G DE FRUITS FRAIS
OU AU SIROP ÉGOUTTÉS
1 DL DE RHUM
170 G DE SUCRE SEMOULE

Faites la pâte à frire : dans un bol ou dans le mixer fouettez, vigoureusement pour éviter les grumeaux, la farine, 1/2 dl de lait, la bière, les jaunes d'œufs et la levure. Lorsque la pâte est lisse incorporez en fouettant le reste du lait et l'huile. Laissez reposer 2 h.
Pendant ce temps pelez et coupez les fruits qui doivent être fermes : coupez les bananes en rondelles de 2 cm d'épaisseur; pour les pommes, les poires et l'ananas coupez-les en rondelles de 1 cm d'épaisseur après avoir enlevé le cœur à l'aide d'un vide-pomme. Dénoyautez les abricots, les pêches et les prunes et coupez-les en deux. Détachez les quartiers d'oranges. Si vous utilisez des fruits au sirop, égouttez-les soigneusement.
Faites macérer pendant 1 h les fruits choisis dans le mélange rhum et sucre. Montez les blancs en neige en ajoutant 70 g de sucre semoule. Incorporez-les à la pâte à frire.
Faites chauffer la friture.
Mettez quelques fruits dans la pâte, puis soulevez un fruit enrobé de pâte à l'aide d'une fourchette et plongez-le dans la friture, il doit

tomber au fond et remonter tout de suite. Cuisez jusqu'à coloration (environ 8 mn). Attention à ne pas trop chauffer l'huile sinon le beignet sera indigeste. Posez les beignets sur un linge pour les égoutter. Saupoudrez de sucre semoule et servez chaud. Accompagnez d'une gelée de groseille.

Le sirop au rhum conservé dans un bol hermétique vous servira plus tard pour une salade de fruits.

Conseil : S'il vous reste de la pâte à frire, mélangez-la à des fruits coupés grossièrement. Beurrez un plat allant au four, remplissez-le avec ce mélange et 3 cuillerées de sirop au rhum; faites cuire de 15 à 30 mn à four moyen, selon la quantité. Vous obtiendrez ainsi un genre de clafoutis très fin.

136

CRÊPES SUZETTE

Photo page 209

Garnies de crème pâtissière à l'orange, et flambées au grand-marnier.

PRÉPARATION : 1 H 30
CUISSON AVEC 2 POÊLES : 20 MN + 10 MN AU MOMENT DE SERVIR
INGRÉDIENTS POUR 30 CRÊPES ENVIRON ⌀ 15 CM TRÈS FINES :
PATE A CRÊPES POUR 15 PERSONNES :
250 G DE FARINE
80 G D'HUILE
60 G DE SUCRE SEMOULE
80 G DE BEURRE
6 ŒUFS
1 CUILLERÉE A SOUPE DE GRAND-MARNIER
1 CUILLERÉE A SOUPE DE RHUM VIEUX
1 ORANGE
3/4 DE LITRE DE LAIT
100 G DE BEURRE POUR LA POÊLE OU 1 DL D'HUILE
900 G DE CRÈME PATISSIÈRE (RECETTE 24)

FAITE AVEC 1 CUILLERÉE A SOUPE DE GRAND-MARNIER
2 ORANGES

SIROP AU GRAND-MARNIER :
150 G DE BEURRE
2 ORANGES
1 DL 1/2 DE GRAND-MARNIER
150 G DE SUCRE SEMOULE

MATÉRIEL :

2 PLATS DE 40 CM DE LONG
PAPIER D'ALUMINIUM
2 POÊLES ⌀ 15 CM DE FOND
CASSEROLE DE 1 LITRE 1/2
FOUET OU MIXER
SPATULE, BOLS ET LOUCHE
TRÈS GRANDE POÊLE SI POSSIBLE
ZESTEUR OU RAPE

Crêpes Suzette (recette ci-dessus)

Pâte à crêpes : Faites bouillir le beurre jusqu'à ce qu'il prenne une odeur noisette et soit à peine coloré.

D'autre part, mélangez au fouet ou au mixer la farine, l'huile, le sucre, les œufs, les alcools, le zeste d'une orange haché très fin, le beurre noisette avec 2 dl de lait pour obtenir un mélange lisse et consistant. Continuez à ajouter du lait. Gardez-en 2 dl environ pour alléger éventuellement la pâte juste avant la cuisson.

Faites la crème pâtissière en ajoutant, quand elle est cuite, le grand-marnier, le jus d'une orange et le zeste des 2 oranges haché très finement.

Faites cuire les crêpes dans 2 poêles pendant 1 mn environ de chaque côté.

Gardez-les au chaud couvertes dans un plat au bain-marie pour qu'elles ne sèchent pas.

Faites le sirop au grand-marnier en faisant fondre simplement dans une poêle le beurre, le sucre, le jus des 2 oranges et la moitié de la quantité du grand-marnier. Conservez l'autre moitié dans une petite casserole au chaud.

Mouillez les 2 plats de service de sirop au grand-marnier, garnissez les crêpes d'une grosse cuillerée à soupe de crème pâtissière, roulez-les et gardez-les au chaud dans les plats de service couverts.

Au moment de servir : Dans une très grande poêle, chauffez très fortement ce sirop, plongez-y les crêpes et quand le tout est bien chaud, arrosez avec le reste de grand-marnier et flambez.

Servez alors très rapidement. Je vous conseille de faire cette opération devant vos convives car les crêpes ne flamberont pas longtemps dans ce cas.

Cette recette peut être simplifiée en ne garnissant pas les crêpes de crème pâtissière. Pliez-les simplement en 4 et rangez-les dans la poêle de service en les faisant se chevaucher.

Versez dessus le sirop au grand-marnier, chauffez, arrosez avec le reste de grand-marnier bouillant (plus il y en a, plus les crêpes flamberont longtemps).

Je vous conseille d'ajouter du cognac ou du rhum vieux au grand-marnier que vous utilisez pour flamber.

137

GAUFRES

Photo page 213

PRÉPARATION : 15 MN

CUISSON : 4 MN PAR GAUFRE

INGRÉDIENTS POUR 20 GAUFRES :

MASSE 1 :

350 G DE LAIT
1 PETITE PINCÉE DE SEL
100 G DE BEURRE FIN
250 G DE FARINE EXTRA
8 ŒUFS ENTIERS

MASSE 2 :

SOIT : 250 G DE LAIT MÉLANGÉS
A 250 G DE CRÈME FLEURETTE
(TRÈS LÉGÈRE)

SOIT : 300 G DE LAIT MÉLANGÉS
A 200 G DE CRÈME DOUBLE

100 G DE SUCRE GLACE, CONFITURE,
CHANTILLY (RECETTE 13)
OU SAUCE AU CHOCOLAT
(RECETTE 31)

MATÉRIEL :

GAUFRIER
CASSEROLE DE 1 LITRE
BOL MÉLANGEUR ÉLECTRIQUE
ET FOUET PALE ÉLECTRIQUE
POUDRETTE
SPATULE DE BOIS

Masse 1 : Chauffez le lait avec le sel, ajoutez le beurre, faites bouillir. Aussitôt hors du feu, mélangez la farine avec la spatule.

Remettez sur le feu, pour dessécher quelques secondes en tournant avec la spatule.

Mettez cette *masse 1* dans le bol mélangeur, travaillez-la avec la pale à petite vitesse en incorporant les œufs entiers en 3 fois.

Puis avec le fouet, et toujours à petite vitesse, incorporez la *masse 2*. Chauffez le gaufrier, beurrer-le légèrement.

Remplissez-en les compartiments à la louche, et faites cuire les gaufres environ 2 mn de chaque côté.

Servez-les de préférence encore chaudes, saupoudrées de sucre glace ou recouvertes de confiture, de Chantilly ou de sauce au chocolat.

138

OMELETTE FLAMBÉE AU RHUM

Très simple à faire à la dernière minute.

PRÉPARATION : 15 MN

CUISSON : 7 MN

INGRÉDIENTS POUR 5 PERSONNES :

6 ŒUFS
70 G DE SUCRE SEMOULE
2 CUILLERÉES A SOUPE DE RHUM
30 G DE BEURRE
3 CUILLERÉES A SOUPE DE RHUM
POUR FLAMBER

MATÉRIEL :

POÊLE
SPATULE EN BOIS
PETITE CASSEROLE
BOL, FOUET ÉLECTRIQUE
PLAT DE SERVICE

Séparez les jaunes des blancs d'œufs. Fouettez les jaunes avec le sucre et ajoutez les 2 cuillerées de rhum.
Battez bien ferme les blancs avec 2 cuillerées à café de sucre à mi-parcours. Avec la spatule, mélangez délicatement les 2 masses, chauffez le beurre dans une poêle, versez-y le mélange ; dès que l'omelette est moelleuse, pliez-la en 2 et faites-la glisser éventuellement dans un plat de service chaud, ou servez-la dans la poêle. Saupoudrez largement de sucre semoule. Chauffez le rhum, versez-le sur l'omelette très chaude. Craquez l'allumette, servez flambant.

Variante avec des fruits

INGRÉDIENTS SUPPLÉMENTAIRES
POUR 6 PERSONNES :

250 G DE FRUITS FRAIS
(POMMES OU BANANES)

50 G DE BEURRE
2 GROSSES CUILLERÉES A SOUPE
DE SUCRE SEMOULE

Pelez les fruits, coupez les pommes en lamelles et les bananes en rondelles.
Faites-les cuire 5 mn dans le beurre et le sucre. Quand l'omelette est cuite, fourrez-la avec les fruits cuits avant de la plier en deux.

Gaufres (recette page 211)

139

SOUFFLÉ AUX AMANDES

PRÉPARATION : 20 MN

CUISSON : 25 MN

INGRÉDIENTS POUR 3 PERSONNES :

MATÉRIEL :

MOULE A SOUFFLÉ ⌀ 16 CM
FOUET, BOL, SPATULE
POUDRETTE

MASSE 1 :

1 DL 1/2 DE LAIT
35 G DE SUCRE SEMOULE
15 G DE FARINE OU DE FÉCULE

MASSE 2 :

20 G DE BEURRE
3 JAUNES D'ŒUFS
50 G D'AMANDES CONCASSÉES
2 CUILLERÉES A SOUPE DE KIRSCH
3 BLANCS D'ŒUFS
20 G DE SUCRE SEMOULE
SUCRE GLACE POUR LE DÉCOR

Suivez la recette de base (recette 35) avec les quantités ci-dessus, en incorporant après les jaunes d'œufs, les amandes puis le kirsch.

140

SOUFFLÉ AU CITRON ÉTOILÉ

PRÉPARATION : 30 MN

CUISSON : 20 MN

INGRÉDIENTS POUR 3 PERSONNES :
1 CITRON

75 G DE SUCRE SEMOULE
1 DL D'EAU
MATIÈRES PREMIÈRES
DE LA RECETTE DE BASE (RECETTE 35)
SUCRE GLACE POUR LE DÉCOR

MATÉRIEL :

MOULE A SOUFFLÉ ⌀ 16 CM
ZESTEUR OU RAPE
POUDRETTE
FOUET, BOL, SPATULE
PETITE CASSEROLE

Prélevez 6 lamelles de zeste, puis coupez la moitié du citron en rondelles. Laissez frissonner pendant 15 mn l'eau, le sucre, les lamelles et les rondelles de citron, puis laissez refroidir. Prélevez les lamelles que vous conservez pour le décor et égouttez les rondelles que vous hachez finement. Commencez le soufflé en suivant la recette de base (recette 35), incorporez après les jaunes d'œufs, les rondelles de citron hachées et le jus du demi-citron restant.
Continuez la recette de base et décorez en disposant les lamelles en étoile avant de saupoudrer de sucre glace.
Mettez au four.

141

SOUFFLÉ AU CHOCOLAT

Photo page 217

Peut être accompagné d'une sauce au chocolat.

PRÉPARATION : 20 MN

CUISSON : 20 MN

INGRÉDIENTS POUR 3 PERSONNES :

MASSE 1 :

90 G DE CHOCOLAT A CROQUER
60 G DE SUCRE SEMOULE
40 G DE LAIT
(4 PETITES CUILLERÉES A SOUPE)

MASSE 2 :

2 JAUNES D'ŒUFS
3 BLANCS D'ŒUFS
20 G DE SUCRE SEMOULE
SUCRE GLACE POUR LE DÉCOR
SAUCE AU CHOCOLAT (RECETTE 31)

MATÉRIEL :

MOULE A SOUFFLÉ ⌀ 16 CM
BOL, FOUET
POUDRETTE
PETIT CUL-DE-POULE, CASSEROLE

Chauffez le four à 180° (th. 5) pendant 15 mn.
Beurrez le moule, saupoudrez-le de sucre semoule.
Au bain-marie, faites fondre le chocolat, ajoutez le sucre et le lait, fouettez le mélange. Vous obtenez la *masse 1* qui doit être lisse; retirez-la du feu.
Quand elle n'est plus bouillante, incorporez avec le fouet les jaunes d'œufs puis les blancs que vous aurez montés pendant le refroidissement de la *masse 1*, en ajoutant 20 g de sucre à mi-parcours.
Versez la préparation dans le moule beurré, saupoudrez de sucre glace.
Faites cuire 20 mn à 180° (th. 5).
Plongez la lame d'un couteau qui doit ressortir sèche si le soufflé est cuit. Servez immédiatement.
Si vous accompagnez le soufflé d'une sauce au chocolat, elle doit être froide et présentée en saucière.

142

SOUFFLÉ AU GRAND-MARNIER

PRÉPARATION : 5 MN LA VEILLE
20 MN LE JOUR MÊME

CUISSON : 20 MN

INGRÉDIENTS POUR 4 PERSONNES :

SIROP FAIT AVEC :
1 DL D'EAU
80 G DE SUCRE SEMOULE
1/2 ORANGE

MASSE 1 :
45 G DE FARINE
60 G DE SUCRE SEMOULE
1/4 DE LITRE DE LAIT

MASSE 2 :
30 G DE BEURRE
3 JAUNES D'ŒUFS
3 BLANCS
20 G DE SUCRE SEMOULE
2 BISCUITS A LA CUILLER (RECETTE 1)
3 CUILLERÉES A SOUPE
DE GRAND-MARNIER

MATÉRIEL :
MOULE A SOUFFLÉ ⌀ 14 CM
CASSEROLE DE 1/2 LITRE
BOL, FOUET ÉLECTRIQUE
SPATULE

Préparez les biscuits à la cuiller plusieurs jours à l'avance.
Faites le sirop la veille en faisant bouillir l'eau, le sucre et l'orange non pelée coupée en tranches fines. Laissez frissonner pendant 15 mn puis macérer hors du feu toute la nuit.

Soufflé au chocolat (recette page 215), soufflé praliné (recette page 219)

Le jour même égouttez l'orange. Ajoutez au sirop une cuillerée à soupe de grand-marnier et imprégnez légèrement les biscuits à la cuiller de ce mélange, puis coupez-les en petits dés.
Suivez la recette de base du soufflé (recette 35) avec les quantités indiquées ci-dessus. Incorporez après les jaunes d'œufs, l'orange macérée hachée et le reste du grand-marnier. Continuez la recette de base.
Versez la moitié de la préparation dans le moule, parsemez la surface des biscuits à la cuiller, finissez de garnir le moule. Terminez comme la recette de base.

143

SOUFFLÉ AUX MARRONS

PRÉPARATION : 20 MN

CUISSON : 25 MN

INGRÉDIENTS POUR 6 PERSONNES :

MASSE 1 :
180 G DE LAIT
30 G DE SUCRE SEMOULE
30 G DE FÉCULE OU DE MAIZENA

MASSE 2 :
20 G DE BEURRE
3 JAUNES D'ŒUFS
1 CUILLERÉE A SOUPE DE RHUM
250 G DE PATE DE MARRONS
50 G DE DÉBRIS
DE MARRONS CONFITS
4 BLANCS
20 G DE SUCRE

MATÉRIEL :

1 MOULE ⌀ 25 CM
OU DE PRÉFÉRENCE 2 DE ⌀ 12 CM
BOL, FOUET ÉLECTRIQUE
SPATULE

Suivez la recette de base avec les quantités données ci-dessus (recette 35). Incorporez après les jaunes d'œufs, le rhum et la pâte de marrons. Continuez la recette de base.
Versez la moitié de la préparation dans le moule, ajoutez les débris de marrons et finissez de garnir le moule.
Terminez comme la recette de base.

144

SOUFFLÉ AUX PISTACHES

PRÉPARATION : 20 MN

CUISSON : 25 MN

INGRÉDIENTS POUR 3 PERSONNES :

MASSE 1 :

1 DL 1/2 DE LAIT
35 G DE SUCRE SEMOULE
15 G DE FÉCULE OU MAIZENA

MASSE 2 :

20 G DE BEURRE
3 JAUNES D'ŒUFS
30 G D'AMANDES EN POUDRE
60 G DE PISTACHES CONCASSÉES
2 CUILLERÉES A SOUPE DE KIRSCH
4 BLANCS D'ŒUFS
20 G DE SUCRE SEMOULE
SUCRE GLACE POUR LE DÉCOR
25 G DE BEURRE ET SUCRE
POUR LE MOULE

MATÉRIEL :

MOULE ∅ 12 CM
ROULEAU
POUDRETTE
BOL, FOUET, SPATULE

Suivez exactement la recette de base (recette 35) avec les quantités indiquées ci-dessus, en incorporant après les jaunes d'œufs, les amandes, les pistaches puis le kirsch.

145

SOUFFLÉ PRALINÉ

Photo page 217

PRÉPARATION : 20 MN   CUISSON : 20 MN

219

INGRÉDIENTS POUR 3 PERSONNES :

MASSE 1 :
1/4 DE LITRE DE LAIT
40 G DE SUCRE SEMOULE
40 G DE FARINE

MASSE 2 :
20 G DE BEURRE
3 JAUNES D'ŒUFS
100 G DE PRALINÉ EN POUDRE
1 CUILLERÉE A SOUPE DE RHUM VIEUX
4 BLANCS D'ŒUFS
20 G DE SUCRE SEMOULE
80 G DE PRALINES
25 G DE BEURRE ET SUCRE
POUR LE MOULE

MATÉRIEL :
MOULE ⌀ 12 CM
ROULEAU A PATISSERIE
BOL, FOUET, SPATULE

Suivez la recette de base (recette 35) avec les quantités indiquées ci-dessus, en incorporant après les jaunes d'œufs, le praliné en poudre puis le rhum. Continuez la recette de base.
Écrasez les pralines grossièrement au rouleau à pâtisserie.
Versez la moitié de la préparation dans le moule et ajoutez les pralines concassées ; finissez de garnir le moule et terminez en suivant la recette de base.

146

SOUFFLÉ A LA NOIX DE COCO

PRÉPARATION : 20 MN

CUISSON : 25 MN

INGRÉDIENTS POUR 3 PERSONNES :

MASSE 1 :
2 DL DE LAIT
35 G DE SUCRE SEMOULE
15 G DE FÉCULE OU DE MAIZENA

MASSE 2 :
20 G DE BEURRE
3 JAUNES D'ŒUFS

90 G DE NOIX DE COCO RAPÉE
2 CUILLERÉES A SOUPE DE KIRSCH
4 BLANCS D'ŒUFS
20 G DE SUCRE SEMOULE
SUCRE GLACE POUR LE DÉCOR
25 G DE BEURRE ET SUCRE
POUR LE MOULE

MATÉRIEL :
MOULE ⌀ 12 CM
POUDRETTE
BOL, FOUET, SPATULE

Suivez exactement la recette de base (recette 35) avec les quantités indiquées ci-dessus, en incorporant après les jaunes d'œufs, la noix de coco râpée puis le kirsch.

147
SOUFFLÉ AUX POMMES

PRÉPARATION : 20 MN

CUISSON : 25 MN

INGRÉDIENTS POUR 3 PERSONNES
OU 4 SOUFFLÉS INDIVIDUELS :

MASSE 1 :

1/4 DE LITRE DE LAIT
1/4 DE GOUSSE DE VANILLE
65 G DE SUCRE SEMOULE
40 G DE FARINE

MASSE 2 :

20 G DE BEURRE
3 JAUNES D'ŒUFS
2 CUILLERÉES A SOUPE DE CALVADOS
3 BLANCS D'ŒUFS
20 G DE SUCRE SEMOULE
2 POMMES GOLDEN
25 G DE BEURRE
SUCRE SEMOULE POUR LE MOULE
2 CUILLERÉES A SOUPE DE CALVADOS
POUR FLAMBER

MATÉRIEL :

1 MOULE ⌀ 18 CM
OU 4 PETITS MOULES
BOL ET FOUET, SPATULE
CASSEROLE DE 1 LITRE
PETITE CASSEROLE

Préparation de la masse 1 : Faites bouillir le lait et la vanille, prélevez-en 4 cuillerées à soupe avant ébullition.
Mélangez au fouet dans un bol le sucre, la farine et les cuillerées de lait. Ajoutez une partie du lait bouillant à ce mélange, puis reversez le tout dans la casserole en continuant à fouetter, et reportez à ébullition pendant 2 mn.

Incorporation de la masse 2 : Hors du feu, incorporez le beurre et le calvados. Couvrez cette préparation pour qu'elle ne croûte pas en refroidissant. Quand elle est tiède ajoutez les jaunes d'œufs. Chauffez le four à 180° (th. 5).

Coupez les pommes épluchées en très fines lamelles. Montez les blancs en ajoutant à mi-parcours 20 g de sucre. Mélangez-les délicatement à la préparation.

Beurrez le moule et saupoudrez-le de sucre semoule. Remplissez-le en faisant alterner à deux reprises une couche de préparation et une couche de pommes, terminez par 4 belles lamelles de pommes que vous disposez à la surface pour former un décor. Saupoudrez de sucre glace. Faites cuire à 180° (th. 5) pendant 25 mn.

Juste avant de sortir le soufflé du four, chauffez 2 cuillerées de calvados dans une petite casserole, et flambez en le versant sur le soufflé. Servez sans attendre.

On peut sur une même plaque cuire 2 ou 3 soufflés ou en faire 4 individuels avec cette recette.

148

SOUFFLÉ A LA VANILLE

PRÉPARATION : 20 MN

CUISSON : 15 A 20 MN

INGRÉDIENTS POUR 3 PERSONNES :

MATÉRIEL :

MOULE ⌀ 18 CM
BOL, FOUET
SPATULE

MASSE 1 :

1/4 DE LITRE DE LAIT
1 GOUSSE DE VANILLE
65 G DE SUCRE SEMOULE
45 G DE FARINE

MASSE 2 :

20 G DE BEURRE
3 JAUNES D'ŒUFS
3 BLANCS
20 G DE SUCRE SEMOULE

Suivez la recette de base (recette 35) en faisant bouillir le lait avec la gousse de vanille fendue dans le sens de la longueur pour dégager tout son parfum. Après utilisation, ne la jetez pas, rincez-la, faites-la sécher et broyez-la au mixer avec du sucre semoule. Vous l'utiliserez pour parfumer certains biscuits.

CHAPITRE VIII

ENTREMETS FROIDS DE CUISINE

RECETTES : 149 BAVAROIS SANS ALCOOL

150 BREAD AND BUTTER PUDDING

151 BRIOCHES GARNIES
(principe général)

152 BRIOCHE ESTELLE
AU BAVAROIS

153 BRIOCHE ESTELLE
A LA MOUSSE AU CHOCOLAT

154 SALPICON DE FRUITS
EN BRIOCHE

155 BRIOCHE POLONAISE

156 CHARLOTTE CÉCILE

157 CHARLOTTE AUX FRAISES
OU AUX FRAMBOISES

158 CHARLOTTE AUX MARRONS

159 CHARLOTTE AUX PÊCHES
OU AUX POIRES

223

RECETTES : 160 CHARLOTTE AUX POMMES

161 CRÈME A LA VANILLE
CARAMÉLISÉE

162 GATEAU DE SEMOULE
AUX RAISINS

163 ILE FLOTTANTE

164 ŒUFS A LA NEIGE

165 RIZ AU CHOCOLAT
POUR GÉRALDINE

166 RIZ IMPÉRATRICE
AUX HUIT TRÉSORS

167 FRUITS AU SIROP
(principe général)

168 ABRICOTS AU SIROP

169 ABRICOTS FRAIS AVEC
LEURS NOYAUX

170 BANANES AU SIROP

171 FIGUES AU SIROP

172 FRAISES AU SIROP

173 FRUITS PANACHÉS AU SIROP

174 LETCHIS AU SIROP

175 PÊCHES AU SIROP

176 POIRES AU SIROP

177 PRUNEAUX AU SIROP

178 COMPOTE DE MELONS VERTS

179 COMPOTE DE POMMES

180 COMPOTE DE RHUBARBE

181 ORANGES A LA GRENADINE

182 GELÉE DE GROSEILLES

149

BAVAROIS SANS ALCOOL

Photo page 226

C'est un dessert très léger, au goût de vanille, auquel vous pouvez donner une forme originale en utilisant un moule à baba, ou toute autre forme de moule.

PRÉPARATION : 45 MN

TEMPS DE REPOS : 2 H

INGRÉDIENTS POUR 8 PERSONNES :
APPAREIL A BAVAROIS FAIT AVEC
1/2 LITRE DE LAIT (RECETTE 33)
CHANTILLY PRÉPARÉE AVEC 200 G
DE CRÈME (RECETTE 13)
1/4 DE LITRE DE COULIS
DE FRAMBOISES (RECETTE 15)
500 G DE FRUITS FRAIS
50 G DE SUCRE SEMOULE

MATÉRIEL :

MOULE DE 1 LITRE 1/2 A BABA
POCHE A DOUILLE CANNELÉE
BOL, FOUET

Mettez au froid le bol contenant la crème et le lait, bases de la Chantilly. Préparez l'appareil à bavarois avec les 4 feuilles de gélatine. Pendant qu'il refroidit, faites le coulis de framboises. L'hiver, le coulis peut être fait avec des framboises surgelées.

D'autre part, fouettez fermement la Chantilly. Réservez-en 100 g dans un bol au frais pour le décor.

Lorsque l'appareil à bavarois est à 15° environ, mélangez-le délicatement à la Chantilly. L'appareil est prêt.

Mouillez et égouttez le moule. Saupoudrez-le de sucre semoule (le sucre aide au démoulage). Nappez le fond avec 2 mm de coulis de framboises (facultatif). Remplissez-le jusqu'au bord avec l'appareil préparé. Mettez au froid 2 h au moins.

Démoulez le bavarois sur le plat de service en plongeant le fond du moule dans l'eau chaude.

Page 226 : Bavarois sans alcool (recette ci-dessus)

Page 227 : Bread and butter pudding (recette page 228)

Décorez le bavarois avec le reste de la Chantilly à l'aide de la poche à douille et servez-le avec le coulis de framboises en saucière et accompagné de la salade de fruits.
Si vous avez utilisé un moule évidé au centre, présentez une partie de la salade de fruits au centre du dessert.

150

BREAD AND BUTTER PUDDING

Photo page 227

PRÉPARATION : 20 MN
CUISSON : 30 MN

INGRÉDIENTS POUR 6 PERSONNES :

200 G DE PAIN DE MIE
1/2 LITRE DE LAIT
1 GOUSSE DE VANILLE
125 G DE SUCRE SEMOULE
2 JAUNES D'ŒUFS
3 ŒUFS ENTIERS
70 G DE BEURRE

MATÉRIEL :

FOUET
CUL-DE-POULE DE 1 LITRE 1/2
MOULE A GRATIN ⌀ 32 CM
GRIL DU FOUR OU GRILLE-PAIN
PALETTE

Coupez le pain de mie en tranches fines. Beurrez-les légèrement et coupez-les en 2 triangles. Passez-les au gril ou au grille-pain pendant 3 mn pour leur faire prendre couleur du côté beurré.
Tapissez le fond du moule avec les triangles de pain côté grillé au-dessus, en les faisant se chevaucher.
Chauffez le four à 220° (th. 7).
Faites bouillir le lait et la vanille. Dans un cul-de-poule fouettez les œufs entiers, les jaunes d'œufs et le sucre pendant quelques instants. Versez le lait bouilli sur ce mélange. Le lait ne doit pas être bouillant car il cuirait les œufs.
Versez cet appareil très doucement sur les tranches de pain en les maintenant avec une palette afin qu'elles ne remontent pas à la surface et qu'elles restent bien régulièrement au fond du moule.
Faites cuire au bain-marie pendant 30 mn à 220° (th. 7). Au début de la cuisson, appuyez une ou deux fois avec la palette sur les tranches de pain qui ont tendance à remonter à la surface tant que l'appareil est liquide.
Mettez au frais en attendant de servir dans le plat de cuisson.
Ce pudding peut être servi accompagné d'une sauce à la vanille (recette 32) ou d'un coulis de framboises (recette 15).

151

BRIOCHES
(principe général)

Voici quatre idées pour garnir une brioche mousseline ou une brioche parisienne faite la veille.

Vous choisirez une recette suivant les ingrédients que vous aurez sous la main. Pour les trois premières recettes je vous donne ci-dessous l'explication précise vous permettant d'évider la brioche sans abîmer la mie qui peut être utilisée pour préparer un autre dessert : pudding royal (recette 97) ou tranches de brioche aux amandes (recette 60). La brioche mousseline est un peu plus difficile à évider que la brioche parisienne.

Pour évider une brioche :

Retirez le chapeau de la brioche.
Avec un couteau-scie enfoncé verticalement à 1 cm de la croûte (sans aller jusqu'au fond pour ne pas la percer), décollez la mie des bords de la brioche. Pour détacher ce cylindre du fond, pratiquez une ouverture de 2 cm à la base. Par cette ouverture passez la lame du couteau-scie que vous faites aller et venir horizontalement en arc de cercle jusqu'à ce que la mie se détache du fond.

152

BRIOCHE ESTELLE AU BAVAROIS
Photo page 230

PRÉPARATION : 20 MN
TEMPS DE REPOS : 5 H
INGRÉDIENTS POUR 8 PERSONNES :

1 BRIOCHE FAITE LA VEILLE
(RECETTE 41 OU 43)
2 DL DE SIROP A ENTREMETS
AU KIRSCH OU A LA VANILLE
(RECETTE 29)

APPAREIL A BAVAROIS
FAIT AVEC 1/2 LITRE DE LAIT
(RECETTE 33)

MATÉRIEL :

BOL, FOUET, PINCEAU

Page 230 : Brioche Estelle au bavarois (recette ci-dessus)
Page 231 : Brioche polonaise (recette page 233)

229

Commencez par préparer l'appareil à bavarois. Laissez-le refroidir. Préparez le sirop à entremets.

Évidez le corps de la brioche (voir page 229). Réservez la mie. Badigeonnez au pinceau l'intérieur de la brioche et du chapeau avec le sirop tiède ou froid. Remplissez la brioche avec l'appareil à bavarois; si celui-ci ne la remplit pas complètement, incorporez-y de petits dés de brioche coupés dans la mie réservée. Recouvrez avec le chapeau. Mettez au froid pendant 5 h et sortez la brioche du réfrigérateur 1/2 h avant de servir.

Vous pouvez l'accompagner d'un coulis (recette 15), d'une sauce au chocolat (recette 31), d'un caramel liquide (recette 16) ou d'une salade de fruits.

153

BRIOCHE ESTELLE A LA MOUSSE AU CHOCOLAT

PRÉPARATION : 15 MN
TEMPS DE REPOS : 1 H

INGRÉDIENTS POUR 8 PERSONNES :
1 BRIOCHE (RECETTE 41 OU 43) PRÉPARÉE LA VEILLE
MOUSSE AU CHOCOLAT FAITE AVEC 3 BLANCS D'ŒUFS (RECETTE 30)
SAUCE A LA VANILLE FAITE AVEC 1/2 LITRE DE LAIT (RECETTE 32)

Préparez la mousse au chocolat.

Évidez la brioche (voir page 229). Réservez la mie. Remplissez la brioche avec la mousse au chocolat. Recouvrez avec le chapeau. Mettez au froid pendant 1 h au moins. Sortez du réfrigérateur 1/2 h avant de servir.

Pendant ce temps, faites la sauce à la vanille que vous servirez froide en saucière avec la brioche.

154

SALPICON DE FRUITS EN BRIOCHE

Après le bavarois et la mousse au chocolat, la salade de fruits frais en brioche.

PRÉPARATION : 15 MN   MATÉRIEL :

TEMPS DE REPOS : 2 H   COUTEAU-SCIE

INGRÉDIENTS POUR 8 PERSONNES :

1 BRIOCHE FAITE LA VEILLE
(RECETTE N° 41 OU 43)
300 G DE SALADE DE FRUITS FRAIS
100 G DE SUCRE SEMOULE
UNE NOISETTE DE BEURRE

Préparez une salade de fruits de saison 2 ou 3 h à l'avance, en mélangeant suivant les saisons.
Pour une salade d'hiver : oranges, bananes, pommes, poires, pruneaux et raisins.
Pour une salade d'été : fraises, framboises, groseilles, pêches et abricots bien mûrs.
Pour une salade exotique : letchis, mangues, mangoustans, goyaves.
Laissez la salade au frais après l'avoir sucrée (si besoin est suivant l'acidité des fruits) et arrosée d'un filet de citron qui rehausse le parfum des fruits et leur évite de noircir.
Évidez la brioche (voir page 229) et colmatez l'ouverture de la base avec une noisette de beurre.
Peu de temps avant de servir, garnissez la brioche avec la salade de fruits. Si vous en avez préparé trop, servez le reste à part dans un compotier.

Conseil : La salade de fruits sera meilleure encore si vous la liez avec un coulis assorti aux fruits de saison employés, par exemple coulis de poires l'hiver ou coulis de framboises ou d'abricots l'été.

155

BRIOCHE POLONAISE

Photo page 231

Une idée originale pour une brioche de la veille.

PRÉPARATION : 45 MN   INGRÉDIENTS POUR 8 PERSONNES :

CUISSON : 10 MN   1 BRIOCHE PARISIENNE
                           (RECETTE 43)

1 DL 1/2 DE SIROP
A ENTREMETS AU RHUM
(RECETTE 29)
450 G DE CRÈME PATISSIÈRE
(RECETTE 24) + RHUM
100 G DE FRUITS CONFITS
50 G DE BIGARREAUX CONFITS
50 G D'AMANDES EFFILÉES
50 G DE SUCRE GLACE

MERINGUE ITALIENNE :

4 BLANCS D'ŒUFS
250 G DE SUCRE SEMOULE

MATÉRIEL :

UN PETIT MOULE A GÉNOISE
D'UN DIAMÈTRE LÉGÈREMENT
PLUS GRAND QUE LA BASE
DE LA BRIOCHE, PALETTE, PINCEAU,
BOL, FOUET ÉLECTRIQUE

Préparez la crème pâtissière et ajoutez-lui un peu de rhum pour la parfumer.

Enlevez la tête de la brioche puis coupez horizontalement en 4 tranches d'égale épaisseur. Vous pouvez griller légèrement chaque tranche (facultatif).

Préparez le sirop à entremets. Punchez-en la première tranche de brioche avec un pinceau. Posez-la dans le moule à génoise ou à défaut sur un cercle de carton fort du diamètre nécessaire. Puis reconstituez la brioche en intercalant à partir de la première tranche une couche de crème pâtissière, des fruits confits hachés et des bigarreaux entiers, une couche de brioche punchée, etc. Terminez par la tête de la brioche dont vous avez punché l'intérieur. (La tête de la brioche n'a pas été utilisée dans la préparation du dessert photographié page 231.)

Préparez la meringue italienne : montez les blancs en neige ferme en ajoutant 2 cuillerées à café de sucre à mi-parcours pour les soutenir.

Mouillez le reste du sucre avec 4 cuillerées à soupe d'eau et faites cuire jusqu'au gros boulé (120°) (une goutte de ce sucre prise avec une cuiller et que l'on fait tomber dans un bol d'eau froide forme une boule).

Versez rapidement le sucre cuit sur les blancs fermes en le faisant couler entre les bords du bol et le fouet. Fouettez à petite vitesse jusqu'à refroidissement (10 mn).

Chauffez le four à 240° (th. 8).

Enrobez entièrement la brioche avec cette meringue à l'aide d'une palette en formant une couche bien régulière de 1 cm d'épaisseur environ. Parsemez d'amandes effilées. Saupoudrez de sucre glace.

Cuisez à four très chaud (240° - th. 8) pendant 10 mn environ pour durcir la meringue et la colorer. Arrêtez la cuisson au bout de 5 mn si la coloration est déjà obtenue et laissez la brioche encore 5 mn dans le four éteint.

Charlotte Cécile (recette page 236)

Conseil : On peut remplacer le rhum par du kirsch dans le sirop et dans la crème pâtissière ou, si on prépare le gâteau pour des enfants, le faire simplement avec un sirop à la vanille et une crème pâtissière nature.

156

CHARLOTTE CÉCILE

Photo page 235

C'est une charlotte panachée vanille et chocolat.

PRÉPARATION : 45 MN

TEMPS DE REPOS : 1 H 30

INGRÉDIENTS
POUR 7 A 8 PERSONNES :

14 BISCUITS A LA CUILLER (RECETTE 1)
MOUSSE AU CHOCOLAT FAITE AVEC 125 G DE CHOCOLAT (RECETTE 30)
SAUCE A LA VANILLE FAITE AVEC 1/4 DE LITRE DE LAIT (RECETTE 32)
2 FEUILLES DE GÉLATINE
225 G DE CHANTILLY (RECETTE 13)
100 G DE CHANTILLY POUR LE DÉCOR
OU 50 G DE CHOCOLAT A CROQUER

MATÉRIEL :

MOULE CANNELÉ ⌀ 22 CM
BOL, FOUET ÉLECTRIQUE
ÉPLUCHE-LÉGUMES
POCHE A DOUILLE CANNELÉE

Préparez la sauce à la vanille et incorporez la gélatine (préalablement ramollie dans l'eau froide) dans la sauce chaude. Laissez refroidir en mettant le bol dans un bain-marie froid.

Beurrez légèrement les côtes du moule pour faire adhérer les biscuits à la cuiller. Garnissez les parois du moule avec les biscuits que vous coupez à ras du moule.

Préparez la mousse au chocolat. Garnissez-en le moule jusqu'à mi-hauteur. Mettez au froid pendant 30 mn.

Fouettez la Chantilly (prélevez-en 100 g pour le décor), puis incorporez le reste à la sauce à la vanille refroidie. Versez cet appareil à charlotte dans le moule sur la mousse au chocolat pour le remplir complètement. Remettez au froid pendant 1 h au moins.

Démoulez sur le plat de service en plongeant le moule quelques instants dans l'eau chaude pour faciliter l'opération.

Décorez le dessus de la charlotte à la poche à douille cannelée avec la Chantilly ou bien avec des copeaux de chocolat râpés à l'aide de l'épluche-légumes.

157

CHARLOTTE AUX FRAISES OU AUX FRAMBOISES

PRÉPARATION : 20 MN

TEMPS DE REPOS : 2 H

INGRÉDIENTS
POUR 7 A 8 PERSONNES :

14 BISCUITS A LA CUILLER
(RECETTE 1)
200 G DE FRAISES OU FRAMBOISES
FRAICHES ET 50 G DE SUCRE SEMOULE
SAUCE A LA VANILLE FAITE
AVEC 1/4 DE LITRE DE LAIT
(RECETTE 32)
2 FEUILLES DE GÉLATINE
200 G DE CHANTILLY
(RECETTE 13)
COULIS DE FRAISES
OU DE FRAMBOISES FAIT AVEC 500 G
DE FRUITS (RECETTE 15)

MATÉRIEL :

1 MOULE CANNELÉ ⌀ 22 CM
BOL, FOUET
PINCEAU
MIXER

Préparez la sauce à la vanille et incorporez la gélatine (préalablement ramollie dans l'eau froide) dans la sauce chaude. Laissez refroidir en mettant le bol dans un bain-marie froid.

Préparez le coulis de fraises ou de framboises. Mettez-le au frais.

Fouettez la Chantilly, incorporez-la à la sauce à la vanille refroidie.

Beurrez légèrement les côtes du moule que vous tapissez avec les biscuits à la cuiller bien serrés. Coupez les biscuits au ras du bord.

Saupoudrez le fond du moule de sucre semoule pour faciliter le démoulage. Remplissez-le en alternant une couche de l'appareil à charlotte refroidi et une couche de fruits frais roulés dans du sucre semoule. Si le moule n'est pas tout à fait rempli lorsque vous avez versé tout l'appareil et tous les fruits, ajoutez les chutes de biscuits à la cuiller coupées en petits dés.

Mettez au froid pendant 2 h et démoulez dans un plat creux en plongeant le moule quelques instants dans l'eau chaude pour faciliter l'opération.

Décorez avec une petite quantité de coulis que vous versez doucement à l'aide d'une cuiller sur le dessus de la charlotte pour qu'il coule entre les biscuits. Servez accompagné du reste de coulis en saucière.

158

CHARLOTTE AUX MARRONS

Une charlotte à la crème de marrons parfumée au whisky écossais.

PRÉPARATION : 20 MN

TEMPS DE REPOS : 3 H

INGRÉDIENTS
POUR 7 A 8 PERSONNES :
14 BISCUITS A LA CUILLER
(RECETTE 1)
500 G DE CRÈME DE MARRONS
300 G DE CHANTILLY (RECETTE 13)
100 G DE CHANTILLY
POUR LE DÉCOR
8 MARRONS CONFITS
50 G DE BRISURES
DE MARRONS CONFITS
1/2 DL DE WHISKY
(4 CUILLERÉES A SOUPE)
2 FEUILLES DE GÉLATINE
SAUCE AU CHOCOLAT (RECETTE 31)

MATÉRIEL :

MOULE CANNELÉ ⌀ 23 CM
POCHE A DOUILLE CANNELÉE
PETIT CERCLE DE PAPIER BLANC
FOUET ET BOL
PETIT CUL-DE-POULE

Faites ramollir la gélatine pendant 5 mn dans un peu d'eau froide. Beurrez légèrement les côtes du moule. Tapissez le fond d'un cercle de papier blanc pour faciliter le démoulage. Chemisez les parois du moule avec les biscuits à la cuiller bien serrés. Coupez les biscuits à ras bord du moule.

Dans un bol, fouettez la crème de marrons pour la rendre lisse. Ajoutez le whisky.

Préparez la Chantilly. Fouettez-en 2 cuillerées à soupe dans un petit cul-de-poule avec la gélatine ramollie, au-dessus d'une flamme pour tiédir le mélange afin d'éviter que la gélatine ne prenne trop vite. Versez ce mélange sur la crème de marrons puis incorporez le reste de Chantilly (après en avoir réservé 100 g pour le décor).

Garnissez le moule en faisant alterner une couche d'appareil, une couche de brisures de marrons confits. Mettez au froid pendant 3 h environ.

Démoulez sur un plat creux en plongeant le moule quelques instants dans l'eau chaude pour faciliter l'opération. Enlevez le papier du dessus. Nappez de sauce au chocolat ou faites un décor avec la Chantilly à l'aide de la douille cannelée. Formez des rosaces et posez un marron glacé au centre de chacune d'elles.

159

CHARLOTTE AUX PÊCHES OU AUX POIRES

PRÉPARATION : 20 MN

TEMPS DE REPOS : 2 H 30

INGRÉDIENTS
POUR 7 A 8 PERSONNES :

14 BISCUITS A LA CUILLER
(RECETTE 1)
SAUCE A LA VANILLE FAITE
AVEC 1/2 LITRE DE LAIT
(RECETTE 32)
2 FEUILLES 1/2 DE GÉLATINE
300 G DE CHANTILLY (RECETTE 13)
300 G DE PÊCHES
OU DE POIRES AU SIROP

MATÉRIEL :

MOULE CANNELÉ ⌀ 23 CM
POCHE A DOUILLE CANNELÉE
PETIT CERCLE DE PAPIER BLANC
FOUET, BOL
PINCEAU

Beurrez légèrement les côtes du moule avec un pinceau. Tapissez-en le fond avec un petit cercle de papier. Chemisez les parois du moule avec les biscuits à la cuiller bien serrés, que vous coupez à ras du bord.

Préparez la sauce à la vanille. Réservez-en la moitié qui sera servie en saucière. Incorporez à l'autre moitié, lorsqu'elle est encore chaude, la gélatine préalablement ramollie dans de l'eau froide. Laissez refroidir en mettant le bol dans un bain-marie froid.

Égouttez les fruits au sirop et coupez-les en quatre après en avoir réservé 100 g entiers parmi les plus beaux pour le décor. Montez la Chantilly, prélevez-en 100 g pour le décor. Incorporez le reste à la sauce à la vanille refroidie. Remplissez le moule en faisant alterner une couche d'appareil à charlotte et une couche de fruits coupés. Mettez au froid pendant 2 h 30 au moins.

Démoulez dans un plat creux, en plongeant le moule quelques instants dans l'eau chaude pour faciliter l'opération. Enlevez le papier du dessus. Faites un décor à l'aide de la poche à douille cannelée avec la Chantilly et les fruits au sirop restants. Servez accompagné de la sauce à la vanille froide en saucière, ou d'un coulis de pêches ou de poires (recette 15).

160

CHARLOTTE AUX POMMES

Photo page 241

Choisissez des pommes acidulées et un bon pain de mie boulanger.

PRÉPARATION : 30 MN

CUISSON : 15 MN

INGRÉDIENTS POUR 6 PERSONNES :

1 KG DE POMMES ACIDULÉES
1 GOUSSE DE VANILLE
1 CITRON (FACULTATIF)
150 G DE SUCRE SEMOULE
200 G DE PAIN DE MIE
80 G DE BEURRE
COULIS D'ABRICOTS (RECETTE 15)
OU SAUCE A LA VANILLE
(RECETTE 32)
POUR LE DÉCOR

MATÉRIEL :

MOULE LISSE ⌀ 17 CM
CASSEROLE DE 2 LITRES
MIXER
GRIL DU FOUR OU GRILLE-PAIN

Charlotte aux pommes (recette ci-dessus)

Coupez le pain de mie en tranches fines que vous beurrez. Grillez le seul côté beurré soit au four, soit au grille-pain. Découpez ces tranches en rectangles de 8 × 3 cm. Chemisez-en les parois du moule beurré en les faisant se chevaucher légèrement (le côté grillé contre le moule). Chauffez le four à 240° (th. 8).

Préparez une compote avec les pommes pelées et coupées en morceaux, le sucre, la vanille. Ajoutez le zeste du citron haché si les pommes ne sont pas assez acides.

Remplissez le moule avec cette compote cuite.

Faites cuire à 240° (th. 8) pendant 10 mn puis à 220° (th. 7) pendant 15 mn.

Démoulez froid puis nappez le dessus de la charlotte de coulis d'abricots ou de sauce à la vanille. Éventuellement, saupoudrez le tour de la charlotte de sucre glace.

161

CRÈME A LA VANILLE CARAMÉLISÉE

Photo page 245

C'est une crème moulée, nappée de sauce à la vanille.

PRÉPARATION : 15 MN

CUISSON : 40 MN

INGRÉDIENTS POUR 8 PERSONNES :

1 LITRE DE LAIT
4 ŒUFS ENTIERS
8 JAUNES D'ŒUFS
200 G DE SUCRE SEMOULE
1 GOUSSE DE VANILLE
SAUCE A LA VANILLE FAITE AVEC 1/4 DE LITRE DE LAIT
(RECETTE 32)
CARAMEL FAIT AVEC 200 G DE SUCRE SEMOULE, 2 CUILLERÉES A SOUPE D'EAU ET QUELQUES GOUTTES DE JUS DE CITRON

MATÉRIEL :

MOULE A SOUFFLÉ DE 2 LITRES OU A CHARLOTTE
BOL, FOUET
PETITE CASSEROLE

Dans une petite casserole, chauffez pendant 8 à 10 mn le sucre, l'eau et le citron. Dès que la couleur caramel est obtenue, versez-le dans le moule pour en colorer le fond et le bord.

Chauffez le four à 220° (th. 7).

Faites bouillir le lait avec la vanille. Dans un bol fouettez les œufs entiers, les jaunes d'œufs et le sucre. Ajoutez le lait bouillant. Reversez le tout dans le moule caramélisé et cuisez au bain-marie au four pendant 40 mn à 200° (th. 6). Pour voir si la crème est cuite, plongez-y un couteau : la lame doit ressortir propre.

Démoulez froid sur un plat creux et accompagnez d'une sauce à la vanille.

Variante 1 : Vous pouvez également faire cette crème au caramel en préparant le caramel comme il est dit ci-dessus, mais au lieu de le verser dans le moule, le verser dès qu'il est bien coloré dans le lait bouilli chaud en tournant pour bien le mélanger.

Dans ce cas, beurrez le moule et saupoudrez-le de sucre semoule avant de le remplir avec l'appareil.

Variante 2 : Beurrez le moule et saupoudrez-le de sucre semoule. Remplissez-le avec le mélange œuf, sucre, lait, puis versez-y le caramel préparé comme il est dit ci-dessus.

162

GATEAU DE SEMOULE AUX RAISINS

C'est un dessert classique qui peut être enrichi d'un coulis d'abricots, de framboises ou de fraises dont on le nappera.

PRÉPARATION : 15 MN

CUISSON : 20 MN

INGRÉDIENTS POUR 8 PERSONNES :

3/4 DE LITRE DE LAIT
125 G DE SEMOULE DE BLÉ
1/2 CITRON
100 G DE SUCRE SEMOULE
1 PINCÉE DE SEL

100 G DE RAISINS
1 DL DE RHUM VIEUX
(4 CUILLERÉES A SOUPE)
75 G DE BEURRE
2 ŒUFS
FACULTATIF : COULIS DE FRUITS
(VOIR RECETTE 15), 8 BIGARREAUX
CONFITS OU 2 FRUITS AU SIROP

MATÉRIEL :

MOULE A CHARLOTTE
OU A BRIOCHE DE 1 LITRE 1/2
FAIT-TOUT DE 2 LITRES
ZESTEUR OU RAPE

Faites macérer les raisins dans le rhum 2 h à l'avance.
Faites bouillir le lait dans le fait-tout avec le zeste de citron haché, le sucre et le sel. Jetez-y la semoule en pluie et laissez cuire 20 mn environ à couvert sur feu doux. Prolongez la cuisson de quelques minutes si, en remuant avec la spatule, vous voyez que le lait n'est pas complètement absorbé.
Retirez du feu. Incorporez le beurre, les 2 œufs entiers et les raisins et mélangez bien le tout.
Beurrez légèrement le moule au pinceau et éventuellement tapissez-en les côtés avec les bigarreaux ou des tranches de fruits au sirop. Remplissez-le avec la semoule et faites prendre au froid pendant 2 h.
Démoulez dans un plat creux et nappez éventuellement avec le coulis de fruits assorti aux fruits du décor.

163

ILE FLOTTANTE

Une île mousseuse aux pralines sur une sauce à la vanille.

PRÉPARATION : 15 MN

CUISSON : 30 MN

INGRÉDIENTS POUR 6 PERSONNES :

6 BLANCS D'ŒUFS
180 G DE SUCRE SEMOULE
120 G DE PRALINES NON COLORÉES
SAUCE A LA VANILLE FAITE AVEC
1/2 LITRE DE LAIT (RECETTE 32)

MATÉRIEL :

MOULE A CHARLOTTE
OU A BRIOCHE ⌀ 22 CM
PILON
FOUET ÉLECTRIQUE

Concassez les pralines en gros morceaux avec le pilon.
Chauffez le four à 180° (th. 5).

Crème à la vanille caramélisée (recette page 242)

Montez les blancs en neige ferme avec 50 g de sucre semoule puis, lorsqu'ils sont montés, ajoutez le reste du sucre et fouettez doucement pendant 30 s pour les meringuer. Incorporez délicatement les pralines. Beurrez le moule et saupoudrez-le de sucre semoule. Remplissez-le avec les blancs montés et cuisez au bain-marie au four pendant 30 mn en recouvrant le moule d'un papier d'aluminium légèrement beurré pour éviter la coloration.

Pendant la cuisson préparez la sauce à la vanille. Versez-la dans le plat de service et démoulez l'île flottante lorsqu'elle est froide sur la sauce à la vanille.

Si vous utilisez des pralines caramélisées, plus faciles à trouver dans le commerce, diminuez de moitié la quantité de sucre semoule donnée ci-dessus.

164

ŒUFS A LA NEIGE

Photo page 249

Pour obtenir une présentation raffinée, on les dresse en grosses rosaces à la poche à douille cannelée.

PRÉPARATION : 10 MN
CUISSON : 10 MN PAR BAIN
INGRÉDIENTS POUR 7 PERSONNES :
6 BLANCS D'ŒUFS
150 G DE SUCRE SEMOULE
SAUCE A LA VANILLE FAITE AVEC
1/2 LITRE DE LAIT
(RECETTE 32)

MATÉRIEL :
1 POCHE, DOUILLE CANNELÉE
⌀ 2 CM
PALETTE, GRANDE SAUTEUSE

Mettez 2 litres d'eau à chauffer dans la sauteuse. Réglez le feu pour maintenir la température de l'eau à 85° (avant frémissement).

Pendant ce temps montez les blancs en neige ferme, puis ajoutez le sucre et continuez à fouetter pour les meringuer doucement pendant 30 s.

Posez une grande feuille de papier blanc sur le plan de travail à côté de la sauteuse.

Mouillez-la et dressez dessus à la poche à douille ou à l'aide d'une cuiller à soupe, les blancs montés en forme de grosses rosaces (environ 20). Pochez en plusieurs fois suivant la taille de la sauteuse en prenant soin que les rosaces ne se touchent pas car elles gonflent en cuisant.

Soulevez chaque rosace avec la palette et plongez-la dans l'eau en la retournant. Faites pocher 7 mn sans laisser frémir l'eau. Puis retournez-la et faites pocher l'autre côté pendant 3 mn. Égouttez sur un linge propre.

Pendant la cuisson, préparez la sauce à la vanille. Lorsque les rosaces sont égouttées, disposez-les sur la sauce à la vanille froide. Je vous conseille de ne pas les poser l'une sur l'autre car elles sont très fragiles.

165

RIZ AU CHOCOLAT POUR GÉRALDINE

C'est un gâteau de riz au chocolat, allégé de Chantilly.

PRÉPARATION : 20 MN

TEMPS DE REPOS : 1 H 30

CUISSON : 25 MN

INGRÉDIENTS POUR 8 PERSONNES :

1/2 LITRE DE LAIT
1/2 GOUSSE DE VANILLE
150 G DE SUCRE SEMOULE
200 G DE CHOCOLAT A CROQUER
125 G DE RIZ ROND DE CAMARGUE
50 G DE BEURRE
200 G DE CHANTILLY
(RECETTE 13)
2 FEUILLES DE GÉLATINE
SAUCE A LA VANILLE FAITE
AVEC 1/4 DE LITRE DE LAIT
(RECETTE 32)

MATÉRIEL :

MOULE CANNELÉ ⌀ 23 CM
DE 8 CM DE HAUT
FOUET, BOL
FAIT-TOUT
DOUILLE CANNELÉE
ÉPLUCHE-LÉGUMES

Faites éclater le riz pendant 2 mn dans 1/2 litre d'eau bouillante. Rincez-le à l'eau froide courante pour qu'il perde son amidon.
Pendant ce temps, dans un fait-tout à fond épais, faites bouillir le lait avec le beurre, le sucre, la vanille et le chocolat, en fouettant deux ou trois fois. Ajoutez le riz égoutté et faites cuire pendant 25 mn à couvert, à feu doux. Prolongez la cuisson de quelques minutes si en remuant

avec la spatule vous voyez que le lait n'est pas complètement absorbé. Pendant la cuisson, ramollissez la gélatine dans un peu d'eau froide. Dès que le riz est cuit, incorporez la gélatine et laissez refroidir jusqu'à 25° environ, en remuant deux ou trois fois pendant le refroidissement.

Préparez la Chantilly. Ne la fouettez pas trop fermement pour qu'elle se lie bien avec le riz. Réservez-en 50 g pour le décor dans un petit bol fermé au frais. Mélangez le reste au riz tiède.

Mouillez le moule, saupoudrez-le de sucre semoule, remplissez-le et mettez-le au froid pendant 1 h 30 minimum.

Démoulez sur un plat creux et décorez de rosaces de Chantilly avec la douille cannelée. Vous pouvez compléter le décor avec des copeaux de chocolat râpé à l'aide d'un couteau éplucheur-légumes.

Servez avec une sauce à la vanille en saucière.

Conseil : Si vous n'avez qu'une casserole inoxydable pour cuire le riz au chocolat, intercalez une plaque protectrice entre la flamme et la casserole, car le riz attache facilement.

166

RIZ IMPÉRATRICE AUX HUIT TRÉSORS

Photo page 249

Les huit trésors sont huit fruits confits différents : dattes, pruneaux, poires, raisins, gingembre, etc. Choisissez-les selon votre goût.

PRÉPARATION : 1 H

TEMPS DE REPOS : 3 H

CUISSON : 35 MN

INGRÉDIENTS POUR 10 PERSONNES :

3/4 DE LITRE DE LAIT
1 GOUSSE DE VANILLE
200 G DE RIZ ROND DE CAMARGUE
50 G DE SUCRE SEMOULE
1 BATON DE GINGEMBRE
COULIS DE FRAMBOISES (RECETTE 15)
250 G DE CHANTILLY (RECETTE 13)
3 FEUILLES DE GÉLATINE
300 G DE FRUITS CONFITS
(8 SORTES DIFFÉRENTES)
1 ORANGE, 1/2 CITRON
100 G DE PÊCHES AU SIROP
150 G DE BIGARREAUX CONFITS

Œufs à la neige (recette page 246)
Riz impératrice aux huit trésors (recette ci-dessus)

MATÉRIEL :

1 moule a baba ⌀ 28 cm
1 poche a douille cannelée
bol et fouet, spatule
zesteur ou rape
fait-tout

Faites éclater le riz pendant 2 mn dans 3/4 de litre d'eau bouillante. Rincez-le à l'eau froide courante dans une passoire. Il perd son amidon.
Pendant ce temps, dans un fait-tout à fond épais, faites bouillir le lait et la gousse de vanille fendue en 2 dans la longueur. Dès que le lait bout, versez le riz, ajoutez le sucre et le gingembre. Couvrez et laissez cuire pendant 25 mn. Prolongez la cuisson de quelques minutes si en remuant avec la spatule vous voyez que le lait n'est pas complètement absorbé. Laissez refroidir et enlevez la vanille et le gingembre.
Pendant la cuisson du riz, préparez la sauce à la vanille. Réservez-en la moitié dans une saucière et incorporez à l'autre moitié les feuilles de gélatine préalablement ramollies dans un peu d'eau froide et égouttées. Vannez la sauce pendant le refroidissement pour qu'elle ne tourne pas. Vous pouvez poser le bol dans un bain-marie froid.
Préparez la Chantilly, réservez-en 100 g dans un bol fermé au frais pour le décor et incorporez le reste à la sauce à la vanille refroidie. Dans le riz cuit et froid, incorporez les fruits confits coupés en petits dés et le zeste de l'orange et du demi-citron, puis très délicatement avec la spatule l'appareil à la vanille.
Mouillez le moule et saupoudrez-le de sucre. Garnissez le fond avec les bigarreaux confits coupés en deux. Versez le riz dans le moule et faites prendre au froid pendant 3 h. Plongez le fond du moule dans l'eau chaude et démoulez dans un plat creux. Décorez avec les pêches au sirop en quartiers et faites des rosaces de Chantilly avec la poche à douille cannelée.
Servez accompagné du coulis de framboises réservé en saucière.

167

FRUITS AU SIROP

Principe général

Les poires, abricots, coings, pêches, prunes, fraises, framboises et oranges peuvent être préparés au sirop à partir d'un sirop « classique » fait avec les proportions suivantes : 600 à 800 g de sucre (suivant votre goût), pour 1 litre d'eau et 1 gousse de vanille.

La quantité de liquide doit être suffisante pour recouvrir les fruits en début de cuisson. Celle-ci doit durer 15 à 20 mn et le sirop ne doit jamais bouillir. Le fruit est cuit quand on peut le piquer sans résistance avec la pointe d'un couteau.
Je vous conseille de laisser les fruits macérer ensuite pendant plusieurs heures, même une nuit dans le sirop à couvert.
Dans les recettes qui suivent nous avons mis au point des mélanges à base d'épices qui étonneront peut-être mais qui vous permettront de réaliser des recettes originales pour varier vos préparations de fruits.

168

ABRICOTS AU SIROP

PRÉPARATION : 10 MN
CUISSON : 15 MN

INGRÉDIENTS POUR LE SIROP :
1 BOUTEILLE DE VIN BLANC SEC OU SAUTERNES
1 CITRON
400 G DE SUCRE
1 KG D'ABRICOTS FRAIS
OU 500 G D'ABRICOTS SECS

On peut utiliser soit des abricots frais de Provence ou de Noyons, soit des abricots secs de Turquie que l'on aura fait gonfler pendant 2 h dans de l'eau tiède.
Coupez les abricots en deux et enlevez les noyaux. Faites pocher les abricots pendant 15 mn dans le mélange de vin blanc, de sucre et de rondelles de citron en quantité suffisante pour recouvrir les fruits en début de cuisson.

169

ABRICOTS FRAIS AVEC LEURS NOYAUX

PRÉPARATION : 10 MN
CUISSON : 15/20 MN

INGRÉDIENTS POUR LE SIROP :
1 LITRE D'EAU
300 G DE SUCRE

251

300 g de miel d'acacia
quelques petits morceaux de
gingembre confit
1,500 kg d'abricots

Préparez le sirop et lorsqu'il est cuit, plongez-y les abricots entiers et laissez cuire.
Après cuisson, laissez macérer pendant plusieurs heures.

170

BANANES AU SIROP

préparation : 10 mn
cuisson : 15 mn

INGRÉDIENTS
pour 800 g de bananes :
pour le sirop :
1/2 litre d'eau
1/2 dl de rhum vieux
300 g de sucre semoule
1 sachet de sucre vanillé
800 g de bananes épluchées

Préparez le sirop. Pendant qu'il chauffe, épluchez les bananes et coupez-les en rondelles. Versez dans le sirop bouillant et laissez cuire pendant 15 mn environ sans laisser bouillir. Laissez macérer dans un compotier couvert le temps du refroidissement. Se garde au frais 3 jours.

171

FIGUES AU SIROP

préparation : 10 mn
cuisson : 15 mn

INGRÉDIENTS pour 1 kg
de figues sèches :
1 litre de vin rouge
250 g de sucre semoule
4 feuilles de laurier

Préparez le sirop et plongez-y les figues sèches que vous aurez fendues en étoile. Laissez cuire. Après la cuisson qui dure de 10 à 15 mn, laissez macérer pendant 48 h dans un compotier couvert, au frais. Se garde 8 jours au frais.

172

FRAISES AU SIROP

PRÉPARATION : 15 MN
TEMPS DE REPOS : 30 MN
CUISSON : 5 MN

INGRÉDIENTS POUR 1 KG DE FRAISES FRAICHES :
1/2 LITRE D'EAU OU 1/4 DE LITRE D'EAU ET 1/4 DE LITRE DE VIN BLANC DOUX
800 G DE SUCRE SEMOULE
1 GOUSSE DE VANILLE
1 OU 2 CITRONS

Arrosez de belles fraises propres et fermes de jus de citron et de sucre semoule (suivant votre goût et la qualité des fraises). Laissez macérer pendant 30 mn.
Préparez un sirop avec le reste du sucre, la gousse de vanille fendue dans sa longueur et le liquide (si vous utilisez du vin, diminuez la quantité totale de sucre de 200 g). Faites pocher les fraises pendant 5 mn à feu très doux. Servir froid sans laisser macérer plus de 12 h.

173

FRUITS PANACHÉS AU SIROP

PRÉPARATION : 20 MN
CUISSON : 20 MN ENVIRON

INGRÉDIENTS POUR LE SIROP :
VIN ROUGE TRÈS CORSÉ
600 G DE SUCRE PAR BOUTEILLE
1 BATON DE CANNELLE
4 FEUILLES DE LAURIER

FRUITS :

1,500 KG DE POIRES (DE PRÉFÉRENCE
DE PETITES POIRES SAUVAGES)
500 G DE PRUNEAUX SECS
150 G DE CERNEAUX DE NOIX

Recouvrez les fruits entiers et les cerneaux de noix avec le vin. Ajoutez le sucre, la cannelle, le laurier. Faites cuire sans laisser bouillir jusqu'au moment où la pointe d'un couteau s'enfonce facilement dans les poires.

Retirez du feu et laissez macérer jusqu'au lendemain dans un compotier couvert.

Conservation : 4 à 5 jours au frais.

174

LETCHIS AU SIROP

PRÉPARATION : 5 MN OU 10 MN
CUISSON : 5 A 15 MN

INGRÉDIENTS POUR 1 KG
DE FRUITS ÉPLUCHÉS FRAIS :

3 CITRONS VERTS
600 G DE SUCRE
POUR 1 LITRE D'EAU

INGRÉDIENTS POUR 1 KG
DE FRUITS EN BOITE ÉGOUTTÉS :

LE JUS DE LA BOITE
250 G DE SUCRE
3 CITRONS VERTS

Pour les fruits frais : Préparez le sirop avec le sucre, le jus et le zeste des citrons. Plongez-y les fruits épluchés et faites cuire pendant 15 mn. Laissez macérer dans un compotier couvert pendant 24 h.

Pour les fruits en boîte : Ajoutez au jus de la boîte le sucre, le jus et le zeste des citrons. Portez à ébullition et laissez macérer pendant 24 h dans un compotier couvert.

175
PÊCHES AU SIROP

On peut utiliser des pêches blanches, des pêches-abricots ou des pêches de vigne.

PRÉPARATION : 15 MN

CUISSON : 15 MN

INGRÉDIENTS POUR LE SIROP :
VIN ROUGE TRÈS CORSÉ
(GENRE MADIRAN)
OU BON VIN ROUGE
1 DÉCILITRE DE MADÈRE
1 CUILLERÉE A CAFÉ
DE POIVRE NOIR EN GRAINS
600 G DE SUCRE
(PAR BOUTEILLE DE VIN)
1 KG DE PÊCHES

Épluchez les pêches en les plongeant éventuellement pendant quelques secondes dans l'eau bouillante. Laissez les fruits entiers, le noyau ajoutera son parfum. Préparez le sirop, plongez-y les pêches, laissez frissonner pendant 15 mn puis laissez macérer pendant plusieurs heures.

176
POIRES AU SIROP

On peut utiliser les Doyenné du Comice, Beurré Hardy, Williams, Passe-Crassane ou mieux encore de petites poires sauvages dont le goût est plus original mais qui sont moins présentables.

PRÉPARATION : 15 MN

CUISSON : 15 MN

INGRÉDIENTS POUR LE SIROP :
1 LITRE D'EAU
400 G DE SUCRE
200 G DE MIEL

3 FEUILLES DE LAURIER
2 CLOUS DE GIROFLE
1 PETITE CUILLERÉE A CAFÉ
DE POIVRE NOIR EN GRAINS
1 KG DE POIRES

Lavez les fruits, épluchez-les si vous ne savez pas comment ils ont été traités. Préparez le sirop. Plongez-y les fruits et laissez frémir pendant 15 mn. Veillez à ne pas cuire trop longtemps. Laissez macérer dans un compotier couvert jusqu'au lendemain.

177

PRUNEAUX AU SIROP

PRÉPARATION : 15 MN
CUISSON : 20 MN

INGRÉDIENTS POUR LE SIROP (POUR 1 KG DE FRUITS) :
1 BOUTEILLE DE SAUTERNES
+ 200 G DE SUCRE

OU UNE BOUTEILLE DE VIN ROUGE DE QUALITÉ + 300 G DE SUCRE
10 RONDELLES D'ORANGE
5 RONDELLES DE CITRON
NON PELÉES

Préparez le sirop. Plongez-y les pruneaux non dénoyautés. Laissez frémir pendant 20 mn environ. Laissez macérer pendant plusieurs heures.

178

COMPOTE DE MELONS VERTS

PRÉPARATION : 15 MN
CUISSON : 20 MN

INGRÉDIENTS :
3 MELONS MOYENS
350 G DE SUCRE CRISTAL

4 CUILLERÉES A SOUPE DE VINAIGRE
1 ZESTE DE CITRON NON TRAITÉ

MATÉRIEL :

CASSEROLE DE CUIVRE
DE PRÉFÉRENCE

Coupez les melons en petits morceaux après avoir enlevé la peau et les pépins.
Dans une casserole de cuivre, faites cuire à feu doux les fruits, le sucre et le vinaigre et le zeste de citron pendant 20 mn.

179

COMPOTE DE POMMES

PRÉPARATION : 15 MN

CUISSON : 20 MN

INGRÉDIENTS POUR 4 PERSONNES :

500 G DE POMMES ACIDULÉES
150 G DE SUCRE
1/2 GOUSSE DE VANILLE
1 DL D'EAU
1/2 CITRON NON TRAITÉ
(FACULTATIF)

MATÉRIEL :

CASSEROLE DE CUIVRE
MIXER

Lavez les pommes, épluchez-les si vous ne savez pas comment elles ont été traitées et coupez-les en quartiers. Mettez-les dans une casserole en cuivre de préférence et ajoutez le sucre et l'eau. Si les pommes sont fades ajoutez encore le jus et le zeste de citron haché finement. Faites cuire à feu doux pendant 20 mn environ. Si les pommes ont été cuites avec leur peau, les passer au mixer.

Conservation : 8 jours au réfrigérateur.

180

COMPOTE DE RHUBARBE

PRÉPARATION : 15 MN

CUISSON : 30 MN

INGRÉDIENTS POUR 4 PERSONNES :

700 G DE RHUBARBE
200 G DE SUCRE
1 GOUSSE DE VANILLE

Épluchez les tiges de rhubarbe, coupez-les en petits tronçons. Remplissez la casserole en alternant une couche de rhubarbe et une couche de sucre. Ajoutez la vanille fendue et portez à ébullition. Laissez frémir 30 mn environ.

Si vous voulez conserver cette compote, cuisez-la plus longtemps.

Conseil : Pour obtenir une compote plus douce, ébouillantez la rhubarbe et égouttez-la avant de la cuire avec le sucre.

181

ORANGES A LA GRENADINE

PRÉPARATION : 20 MN

CUISSON : 30 MN + 15 MN

MATÉRIEL :
ZESTEUR
COUTEAU FIN

INGRÉDIENTS POUR LE SIROP :

3 DL DE SIROP DE GRENADINE
4 ORANGES NON TRAITÉES

Prenez des oranges non traitées. Lavez-les et zestez deux des oranges. Faites cuire les zestes dans le sirop de grenadine pendant 30 mn environ.

Pendant ce temps, pelez à vif les 4 oranges entières puis coupez-les en rondelles ou mieux pelez l'orange à vif en quartiers qui présentent mieux que les rondelles. Versez le sirop cuit et les zestes sur les oranges parées. Faites cuire environ pendant 15 mn et laissez macérer quelques heures dans un compotier couvert.

182
GELÉE DE GROSEILLES

PRÉPARATION : 15 MN

CUISSON : 15 MN

INGRÉDIENTS :
JUS D'UN KG DE GROSEILLES
MÊME POIDS DE SUCRE
QUE DE JUS

MATÉRIEL :
THERMOMÈTRE A SUCRE
(FACULTATIF)
PALE ÉLECTRIQUE
BOCAUX

Faites cuire le sucre dans 2 dl 1/2 d'eau jusqu'à 130°, soit le petit cassé. Il est préférable d'avoir un thermomètre à sucre pour doser. Sinon prélevez une goutte de sucre bouillant avec une cuiller et laissez-la tomber dans un bol d'eau froide : elle doit être assez résistante et coller légèrement sous la dent.

Versez le jus de groseilles dans le sucre et portez à ébullition, c'est-à-dire à 95°. Arrêtez la cuisson et, hors du feu, remuez à la spatule sans arrêt pendant 15 mn. Cette opération peut être faite dans un bol avec la pale électrique à toute petite vitesse.

Ébouillantez les bocaux et laissez-les sécher. Versez la gelée dans les bocaux. Attendez le refroidissement pour les fermer.

Conservation : La gelée se conserve très bien pendant un mois, à température ambiante et pendant plusieurs mois au réfrigérateur.

Page 260 : Mini-tartelettes aux fruits (aux cerises, à l'ananas, aux poires) (recette page 266)
Choux au grand-marnier ou au kirsch (recette page 264)
Salambos au rhum (recette page 265), choux pralinés (recette page 265)
Carolines au café et au chocolat (recette page 263)

CHAPITRE IX

PETITS FOURS FRAIS

RECETTES : 183 PETITS FOURS FRAIS
EN PATE A CHOUX (généralités)

184 CAROLINES

185 CHOUX AU GRAND-MARNIER
OU AU KIRSCH

186 SALAMBOS AU RHUM

187 CHOUX PRALINÉS

188 MINI-TARTELETTES
AUX FRUITS

PETITS FOURS SECS

189 ALLUMETTES GLACÉES

190 CAISSETTES ORANGES

191 DIAMANTS

261

RECETTES : 192 FINANCIERS
          193 PALÉTS AUX RAISINS
          194 PALMIERS
          195 ROCHERS CONGOLAIS
          196 SABLÉS ARLÉSIENS
          197 SABLÉS CORN FLOWER
          198 SABLÉS NOUNOURS
          199 SABLÉS AUX NOISETTES
          200 SACRISTAINS
          201 TUILES AUX AMANDES

183

PETITS FOURS FRAIS EN PATE A CHOUX

Si vous n'avez pas l'habitude du dressage, je vous conseille de préparer les recette suivantes en dressant des boules de pâte plus simples que les carolines (petits éclairs) ou les salambos.
Les quantités sont données dans ces recettes pour 50 pièces.
Avec les 300 g de pâte à choux que vous préparerez, vous pourrez réaliser un assortiment de petits choux variés en dressant 1/3 de carolines, 1/3 de choux ronds et 1/3 de salambos sur une même plaque et en variant les garnitures. Pour cela, vous préparerez une crème pâtissière nature que vous partagerez en 3 ou 4 parts et vous parfumerez cette crème avec des parfums différents pendant son refroidissement (café, kirsch, praliné, etc.).

Conservation : Les choux cuits et vides se gardent facilement 8 jours au réfrigérateur dans un bol hermétique ou un sac en plastique, ou un mois au congélateur. Les choux garnis doivent être mis au réfrigérateur et consommés dans la journée.

184

CAROLINES

Photo page 260

PRÉPARATION : 20 MN

CUISSON : 20 MN

INGRÉDIENTS POUR 50 PIÈCES :

300 G DE PATE A CHOUX
(RECETTE 11)
500 G DE CRÈME PATISSIÈRE
AU CAFÉ OU AU CHOCOLAT
(RECETTE 25 OU 26)
400 G DE GLAÇAGE AU CHOCOLAT
(RECETTE 27) OU FONDANT AU CAFÉ
(RECETTE 28)

MATÉRIEL :

POCHE A DOUILLE ⌀ 1 CM
ET 0,3 CM
PLAQUE DU FOUR
PAPIER SILICONÉ

Préparez la pâte à choux.
Chauffez le four à 220° (th. 7).
Sur la plaque du four beurrée ou recouverte de papier siliconé,

dressez 50 bâtonnets de 4 cm de long à l'aide de la poche à douille ∅ 1 cm.
Cuisez à 220° (th. 7) pendant 10 mn, puis à 200° (th. 6) pendant 10 mn encore en maintenant le four entrouvert à l'aide d'une cuiller. Laissez refroidir.
Pendant la cuisson préparez la crème pâtissière.
Garnissez les carolines en perçant la partie inférieure avec un couteau et en utilisant la poche à douille ∅ 0,3 cm pour les remplir de la crème choisie.
Préparez le fondant ou le glaçage et trempez-y le dessus de chaque caroline. Laissez sécher le glaçage et mettez au frais avant de servir.

185

CHOUX AU GRAND-MARNIER OU AU KIRSCH

Photo page 260

PRÉPARATION : 20 MN
CUISSON : 20 MN

INGRÉDIENTS POUR 50 PIÈCES :
300 G DE PATE A CHOUX (RECETTE 11)
500 G DE CRÈME PATISSIÈRE (RECETTE 24)
3 CUILLERÉES A SOUPE DE KIRSCH OU DE GRAND-MARNIER
400 G DE FONDANT ROSE OU VERT (RECETTE 28)
OU SUCRE GLACE

MATÉRIEL :
POCHE A DOUILLE ∅ 1 CM ET DOUILLE ∅ 0,3 CM
PLAQUE DU FOUR

Chauffez le four à 220° (th. 7).
Sur la plaque du four beurrée ou recouverte d'un papier siliconé, dressez 50 boules ∅ 2,5 cm à l'aide de la poche à douille ∅ 1 cm.
Cuisez à 220° (th. 7) pendant 10 mn puis à 200° (th. 6) pendant 10 mn encore en maintenant le four entrouvert à l'aide d'une cuiller. Laissez refroidir. Pendant la cuisson préparez la crème pâtissière.
Garnissez les choux en perçant la partie inférieure avec un couteau et en utilisant la poche à douille ∅ 0,3 cm pour les remplir de la crème choisie.
Préparez le fondant, colorez-le selon votre goût et trempez-y le dessus de chaque chou ou bien saupoudrez simplement de sucre glace et mettez au frais avant de servir.

186

SALAMBOS AU RHUM

Photo page 260

PRÉPARATION : 10 MN
CUISSON : 20 MN

INGRÉDIENTS POUR 50 PIÈCES :

3 CUILLERÉES A SOUPE DE RHUM
300 G DE PATE A CHOUX
(RECETTE 11)
500 G DE CRÈME PATISSIÈRE
(RECETTE 24)

CARAMEL FAIT AVEC 200 G DE SUCRE
ET 3 GOUTTES DE JUS DE CITRON

MATÉRIEL :

PAPIER SILICONÉ
POCHE A DOUILLE ∅ 1 CM
ET DOUILLE ∅ 0,3 CM
PLAQUE DU FOUR

Chauffez le four à 220° (th. 7).
Sur la plaque du four beurrée ou recouverte d'un papier siliconé, dressez 50 ovales de pâte de 3 cm de long à l'aide de la poche à douille ∅ 1 cm.
Faites cuire à 220° (th. 7) pendant 10 mn puis à 200° (th. 6) pendant 10 mn encore en maintenant le four entrouvert à l'aide d'une cuiller. Laissez refroidir.
Pendant la cuisson, préparez la crème pâtissière et ajoutez-y le rhum pendant le refroidissement.
Préparez le caramel en cuisant le sucre dans 4 cuillerées à soupe d'eau et en ajoutant le citron. Trempez le dessus des choux non garnis dans le caramel et posez ce côté caramélisé sur la plaque du four pour le laisser refroidir. Quelques minutes après vous pouvez garnir les salambos en perçant la partie inférieure avec un couteau et en les remplissant de crème à l'aide de la poche à douille ∅ 0,3 cm.
Mettez les salambos au frais avant de servir.

187

CHOUX PRALINÉS

Photo page 260

PRÉPARATION : 20 MN   CUISSON : 20 MN

INGRÉDIENTS POUR 50 PIÈCES :

300 G DE PATE A CHOUX
(RECETTE 11)
250 G DE CRÈME
PATISSIÈRE NATURE (RECETTE 24)
75 G DE PRALINÉ EN POUDRE
50 G DE BEURRE
100 G D'AMANDES HACHÉES
SUCRE GLACE POUR LE DÉCOR

MATÉRIEL :

FOUET
COUTEAU
POCHE A DOUILLE ⌀ 1 CM
ET DOUILLE ⌀ 0,3 CM
POUDRETTE

Préparez la crème pâtissière et incorporez-y pendant qu'elle refroidit le praliné et le beurre pommade en fouettant pour obtenir une crème légère.

Chauffez le four à 220º (th. 7).

Préparez la pâte à choux et sur la plaque du four beurrée ou recouverte de papier siliconé, dressez 50 boules ⌀ 2,5 cm à l'aide de la poche à douille ⌀ 1 cm. Parsemez-en le dessus d'amandes hachées. Cuisez à 220º (th. 7) pendant 10 mn puis à 200º (th. 6) pendant 10 mn encore en maintenant le four entrouvert à l'aide d'une cuiller. Laissez refroidir.

Garnissez les choux en perçant la partie inférieure avec un couteau et en utilisant la poche à douille ⌀ 0,3 cm pour les remplir de crème pralinée.

Saupoudrez de sucre glace. Mettez au frais avant de servir.

188

MINI-TARTELETTES AUX FRUITS

Photo page 260

PRÉPARATION : 20 MN
CUISSON : 8 A 10 MN

INGRÉDIENTS POUR 20 PIÈCES :

240 G DE PATE SABLÉE SUCRÉE
(RECETTE 12)
200 G DE CRÈME D'AMANDES
(RECETTE 17)
100 G DE NAPPAGE PATISSIER OU
D'ABRICOTAGE

MATÉRIEL :

20 PETITS MOULES
PINCEAU, EMPORTE-PIÈCE
UN PEU PLUS GRAND
QUE LES MOULES
ROULEAU

Sur un plan de travail légèrement fariné, abaissez la pâte et détaillez-la avec un emporte-pièce légèrement plus grand que les moules. Foncez les moules et piquez la pâte avec une fourchette.
Préparez la crème d'amandes et garnissez-en les fonds.

TARTELETTES A L'ABRICOT, AUX CERISES, AUX MIRABELLES OU AUX POIRES

Posez sur la crème d'amandes un oreillon d'abricot ou 2 ou 3 cerises ou un quartier de poire découpé en lamelles et enfoncez légèrement les fruits dans la crème.
Cuisez à 200° (th. 6) pendant 8 à 10 mn.

TARTELETTES A L'ANANAS

Cuisez la pâte garnie de crème d'amandes, sans les fruits, pendant 8 à 10 mn, à 200° (th. 6).
Laissez refroidir avant de poser un quartier de tranche d'ananas sur la crème.

Lorsque les tartelettes sont froides, nappez-les au pinceau avec un abricotage ou un nappage pâtissier.

PETITS FOURS SECS

189

ALLUMETTES GLACÉES

Photo page 269

PRÉPARATION : 15 MN

CUISSON : 10 MN

INGRÉDIENTS POUR 36 PIÈCES :

200 G DE FEUILLETAGE CLASSIQUE (RECETTE 3) OU RAPIDE (RECETTE 4)
150 G DE SUCRE GLACE
1 BLANC D'ŒUF
3 GOUTTES DE JUS DE CITRON

MATÉRIEL :

SPATULE
PETIT CUL-DE-POULE
ROULEAU, RÈGLE
PALETTE, PLAQUE DU FOUR

Chauffez le four à 200° (th. 6).
Préparez la glace royale en travaillant pendant 2 mn le sucre glace et le blanc d'œuf avec une spatule pour en faire une pâte légère et homogène. Puis ajoutez le citron.

Sur un plan de travail légèrement fariné, abaissez le feuilletage en un rectangle de 40 × 20 cm environ. A l'aide d'une règle, coupez horizontalement cette abaisse en 3 bandes égales de 40 cm de long. Pliez deux de ces bandes et mettez-les au réfrigérateur pendant que vous préparez la troisième. Posez cette bande sur la plaque du four légèrement mouillée. Recouvrez la pâte de glace royale le plus régulièrement possible sur 1 mm d'épaisseur avec la palette et coupez-la verticalement avec un couteau mouillé pour obtenir environ 12 allumettes. Préparez les 2 autres bandes de la même façon. Elles se placent toutes les 3 sur la plaque de cuisson. Avant d'enfourner posez aux quatre coins de la plaque des petits moules de 2 cm de haut, sur lesquels vous poserez la grille pâtissière; les allumettes gonfleront ainsi bien régulièrement.

Cuisez à 200° (th. 6) pendant 10 mn à four entrouvert à l'aide d'une cuiller, en surveillant la couleur. Pendant la cuisson les allumettes rétrécissent en largeur et se détachent donc les unes des autres; si la glace royale colle et les empêche de se séparer, coupez-la en cours de cuisson.

Conservation : 10 jours au sec dans une boîte hermétique mais laissez-les refroidir avant de les ranger, posez-les délicatement car la glace royale est fragile.

190

CAISSETTES ORANGES

PRÉPARATION : 20 MN

CUISSON : 15 A 16 MN

INGRÉDIENTS POUR 70 PIÈCES :

125 G D'AMANDES EN POUDRE
125 G DE SUCRE GLACE
3 BLANCS D'ŒUFS
75 G DE BEURRE
ZESTE DE 1/2 ORANGE
50 G DE SUCRE GLACE
POUR LE DÉCOR

MATÉRIEL :

BOL, FOUET
70 CAISSETTES DE PAPIER ⌀ 3,5 CM
PETITE CASSEROLE
CUL-DE-POULE DE 3/4 DE LITRE
POCHE A DOUILLE ⌀ 0,6 CM
POUDRETTE
PLAQUE DU FOUR

Chauffez le four à 200° (th. 6), sortez les plaques. Séparez les caissettes et posez-les sur l'une des plaques.

Palmiers (recette page 273), diamants (recette page 270),
allumettes glacées (recette page 267)

Faites fondre le beurre dans une petite casserole, hachez le zeste d'orange très finement pour obtenir une pâte, et séparez les blancs d'œufs en 2 parts égales.

Dans un cul-de-poule, mélangez avec une spatule la poudre d'amandes et le sucre glace pour obtenir un mélange bien homogène, puis le zeste d'orange, le beurre fondu et la moitié des blancs d'œufs.

Montez le reste des blancs d'œufs en neige ferme en ajoutant une pincée de sucre à mi-parcours. Incorporez-y rapidement et délicatement la préparation ci-dessus.

Garnissez les caissettes avec cette préparation à l'aide d'une petite cuiller ou de la poche à douille ⌀ 0,6 cm. Saupoudrez de sucre glace.

Cuisez à 200° (th. 6) pendant 15 à 16 mn.

Conservation : Une quinzaine de jours dans une boîte hermétique au frais. Elles resteront aussi moelleuses. Laissez-les refroidir avant de les ranger.

191

DIAMANTS
Photo page 269

Le secret pour réussir cette recette : ne pas travailler les ingrédients, les mélanger simplement rapidement. Le mélange peut être fait la veille.

PRÉPARATION : 30 MN

TEMPS DE REPOS : 45 MN

CUISSON : 13 MN

INGRÉDIENTS POUR 60 PIÈCES :

250 G DE FARINE EXTRA
1 PINCÉE DE SEL
190 G DE BEURRE CHARENTAIS
100 G DE SUCRE SEMOULE
4 G DE VANILLE EN POUDRE
100 G DE SUCRE CRISTAL
OU CASSON
1 JAUNE D'ŒUF

MATÉRIEL :

BOL PÉTRISSEUR
PLAQUE DU FOUR
PAPIER SILICONÉ
PINCEAU
FEUILLE DE PAPIER, COUTEAU

Dans le bol pétrisseur, mélangez à petite vitesse le sucre semoule, le beurre ferme mais non dur, la vanille. Puis ajoutez en une fois rapidement le sel et la farine pour obtenir une pâte lisse mais non corsée. Cette opération ne doit pas durer plus de 2 mn.

Faites durcir cette pâte au froid pendant 30 mn environ.

Débitez la pâte en 3 parties égales, auxquelles vous donnerez la forme d'un boudin bien régulier ⌀ 3 cm. Remettez au froid 15 mn. Battez un jaune d'œuf. Versez le sucre cristal ou casson sur une feuille de papier. Badigeonnez de jaune d'œuf chaque rouleau à l'aide du pinceau, puis roulez-le dans le sucre en le faisant bien adhérer. Chauffez le four à 200° (th. 6).

Débitez les rouleaux de pâte en tranches de 1 cm d'épaisseur et posez-les à plat sur la plaque du four légèrement beurrée ou recouverte de papier siliconé.

Cuisez à 200° (th. 6) pendant 13 mn environ en surveillant la couleur (ils doivent devenir simplement blonds).

Conservation : 10 jours dans une boîte hermétique ; laissez-les refroidir avant de les ranger.

192

FINANCIERS

PRÉPARATION : 15 MN

CUISSON : 10 MN

INGRÉDIENTS POUR 50 PIÈCES :

170 G DE BEURRE
5 BLANCS D'ŒUFS
250 G DE SUCRE GLACE
135 g D'AMANDES EN POUDRE
55 G DE FARINE
30 G DE BEURRE POUR LES MOULES

MATÉRIEL :

CUL-DE-POULE DE 2 LITRES
SPATULE, PINCEAU
50 PETITS MOULES A TARTELETTES
PETITE CASSEROLE
PLAQUE DU FOUR

Le poids de 5 blancs d'œufs est de 155 g environ. Ce détail peut vous être utile si vous utilisez des blancs d'œufs qui vous restent et que vous ne sachiez plus combien vous en avez mis ensemble. Faites chauffer le four à 250° (th. 9-10).

Faites fondre le beurre et cuisez-le jusqu'à ce qu'il ne bouille plus. Il prend alors le goût noisette, et il est à peine coloré.

Mélangez bien le sucre, les amandes en poudre et la farine dans un bol, incorporez les blancs d'œufs en travaillant à la spatule, puis le beurre noisette chaud.

Beurrez copieusement les moules au pinceau avec le beurre pommade. Remplissez-les à mi-hauteur à l'aide d'une cuiller. Posez-les sur la plaque du four. Commencez la cuisson à 240º (th. 8) pendant 5 mn, puis continuez à 200º (th. 6) pendant 5 mn. Éteignez le four, attendez 5 mn avant de sortir les financiers. Démoulez chaud sur le papier siliconé.

Conseil : Le mélange gonfle légèrement, donc ne remplir les moules qu'à mi-hauteur.

Conservation : Les financiers se conservent dans une boîte hermétique 6 jours au frais.

193

PALETS AUX RAISINS

PRÉPARATION : 20 MN
CUISSON : 10 MN × 2

INGRÉDIENTS POUR 60 PIÈCES :

160 G DE FARINE
50 G D'AMANDES EN POUDRE
80 G DE SUCRE GLACE
100 G DE BEURRE
1 ŒUF
100 G DE RAISINS SECS
1 DL DE RHUM
QUELQUES GOUTTES D'EXTRAIT DE VANILLE

MATÉRIEL :

POCHE A DOUILLE ⌀ 2 CM
BOL, FOUET ÉLECTRIQUE
PAPIER SILICONÉ
SPATULE DE BOIS
PLAQUES DU FOUR

Sortez le beurre du réfrigérateur et faites macérer les raisins pendant 1 à 2 h dans le rhum tiédi.
Chauffez le four à 200º (th. 6).
Dans un bol, fouettez le beurre pommade et le sucre glace. Travaillez bien ce mélange puis incorporez-y l'œuf entier et la vanille. Fouettez encore 1 mn. Puis avec la spatule mélangez délicatement la farine et les amandes. Vous obtenez ainsi une pâte molle à laquelle vous incorporez les raisins et le rhum.

Sur les plaques du four légèrement beurrées ou recouvertes de papier siliconé, dressez des boules de pâte de la grosseur d'une noix à l'aide de la poche à douille (environ 30 par plaque). Ne dressez qu'une plaque à la fois, mettez le reste de l'appareil au frais et cuisez la première plaque. La cuisson dure 10 mn. A mi-cuisson, dressez la deuxième plaque que vous enfournez dès que la première est cuite. Ces palets sont délicieux à déguster tièdes mais vous pouvez aussi les conserver.

Conservation : 10 jours dans une boîte hermétique; les laisser refroidir avant de les ranger.

194

PALMIERS

Photo page 269

PRÉPARATION : 15 MN

TEMPS DE REPOS : 10 MN

CUISSON : 10 MN

INGRÉDIENTS POUR 60 PIÈCES :
200 G DE FEUILLETAGE CLASSIQUE
(RECETTE 3) AUQUEL
ON N'AURA DONNÉ QUE 4 TOURS
80 G DE SUCRE GLACE VANILLÉ

MATÉRIEL :

ROULEAU
PLAT LONG
PAPIER SILICONÉ
PLAQUE DU FOUR

Préparez le feuilletage la veille en ne lui donnant que 4 tours.

Chauffez le four à 200° (th. 6). Respectez bien cette température qui vous permettra de faire gonfler le feuilletage.

Sur le plan de travail recouvert abondamment de sucre glace vanillé, donnez les 2 derniers tours du feuilletage puis mettez-le 5 mn au congélateur ou au freezer.

Abaissez la pâte sur le sucre glace en 2 bandes de 15 × 30 cm environ. Repliez la pâte dans sa longueur de manière à amener les 2 bords de l'abaisse sur la ligne du milieu puis refermez les 2 plis l'un contre l'autre. Vous avez ainsi 4 épaisseurs de pâte superposées.

Posez les bandes sur un plat et mettez-les 3 à 5 mn au congélateur ou au freezer. Détaillez les bandes durcies en tranches de 0,5 cm d'épaisseur et posez-les à plat sur la tranche, sur la plaque du four

beurrée ou recouverte de papier siliconé (environ 30 par plaque). Espacez-les bien car les palmiers s'étalent à la cuisson.
Ne garnissez qu'une plaque à la fois et laissez attendre la seconde série de palmiers au freezer ou au congélateur pendant la cuisson de la première plaque.
Cuisez à 200º (th. 6) pendant 10 mn environ et laissez refroidir. Ne posez pas les palmiers les uns sur les autres avant qu'ils ne soient froids car ils colleraient.

Conservation : 8 jours dans une boîte hermétique, dans un endroit sec.

195

ROCHERS CONGOLAIS

PRÉPARATION : 15 MN

CUISSON : 20 MN

INGRÉDIENTS POUR 30 PIÈCES :

4 BLANCS D'ŒUFS
300 G DE SUCRE SEMOULE
300 G DE NOIX DE COCO EN POUDRE
1 CUILLERÉE DE COMPOTE
DE POMMES OU DE CONFITURE

MATÉRIEL :

CUL-DE-POULE DE 1 LITRE 1/2
FOUET, CASSEROLE
PAPIER SILICONÉ

Dans un cul-de-poule au bain-marie, fouettez les blancs d'œufs et le sucre, jusqu'à ce que le mélange soit chaud (45º) à peine supportable au doigt.
Chauffez le four à 180º (th. 5).
Hors du feu, incorporez la confiture ou la compote et la noix de coco au mélange ci-dessus et fouettez pendant 3 mn pour corser la pâte.
Sur la plaque du four beurrée ou recouverte de papier siliconé, dressez à l'aide d'une cuiller des boules de pâte de la grosseur de 2 noix. Donnez une forme de dôme à ces boules de pâte avec les doigts mouillés.
Cuisez à 180º (th. 5) pendant 20 mn. Les rochers doivent être moelleux à l'intérieur et à peine colorés.

Conservation : Dans une boîte hermétique 10 jours, au frais.

196

SABLÉS ARLÉSIENS

Un délicieux sablé très légèrement parfumé au citron.

PRÉPARATION : 15 MN

TEMPS DE REPOS : 1 H MINIMUM

CUISSON : 10 MN

INGRÉDIENTS POUR 140 PIÈCES
ENVIRON :

MATÉRIEL :

ROULETTE CANNELÉE
ROULEAU, PLAQUE DU FOUR
BOL, PALE
PAPIER SILICONÉ
PALETTE, RÈGLE

165 G DE FARINE
60 G D'AMANDES EN POUDRE
60 G DE SUCRE GLACE
150 G DE BEURRE
25 G DE SUCRE GLACE
25 G D'ŒUF (SOIT 1 PETIT ŒUF)
1 PINCÉE DE SEL
1 CITRON

La veille de préférence commencez par mélanger d'une façon bien homogène les 60 g de sucre glace et les amandes en poudre, puis pétrissez dans un bol avec la pale électrique le beurre mou mis en morceaux, l'œuf, le sucre, le sel et le zeste du citron. Incorporez le mélange amandes et sucre et en dernier la farine. Ne travaillez pas cette pâte longtemps. Mettez-la au froid 1 h au moins ou mieux une nuit.

Le lendemain, abaissez-la sur le plan de travail légèrement fariné à 0,5 cm d'épaisseur (c'est une abaisse assez épaisse) et remettez-la au froid 1/2 h environ.

Chauffez le four à 180° (th. 5), 15 mn avant la cuisson.

Avec la roulette cannelée détaillez des carrés de 3 cm de côté en vous aidant d'une règle. Si vous voulez préparer des sablés plus grands, il faut obligatoirement utiliser une pâte faite la veille qui se tiendra mieux.

Posez la moitié de ces carrés sur une plaque du four beurrée ou recouverte de papier siliconé en les soulevant avec une palette, car la pâte est très friable. Le reste sera mis au frais en attendant la cuis-

275

son. Cuisez à 180° (th. 5) pendant 10 mn les plaques l'une après l'autre. Ces carrés sont fragiles, maniez-les avec délicatesse.

Conservation : 10 jours au sec dans une boîte hermétique ; laissez-les refroidir avant de les ranger.

197

SABLÉS CORN FLOWER

Des sablés aux formes originales qui amuseront les enfants et peuvent être donnés aux très jeunes bébés.

PRÉPARATION : 15 MN

TEMPS DE REPOS : 2 H

CUISSON : 14 MN

INGRÉDIENTS POUR 40 PIÈCES ENVIRON :

250 G DE FARINE
100 G DE SUCRE GLACE
50 G D'AMANDES EN POUDRE
200 G DE BEURRE
2 ŒUFS
1 PETITE PINCÉE DE SEL
1 SACHET DE SUCRE VANILLÉ

MATÉRIEL :

BOL PÉTRISSEUR
PLAQUE DU FOUR
PAPIER SILICONÉ
ROULEAU
PINCEAU

Mélangez 50 g de sucre glace aux amandes en poudre.

Dans le bol, pétrissez à petite vitesse le beurre et le reste du sucre glace. Quand le mélange est homogène, incorporez l'œuf. Ajoutez le mélange amandes-sucre glace, la farine et le sucre vanillé en une seule fois. Incorporez bien ce mélange et mouillez avec 2 cuillerées à soupe d'eau au dernier moment. Rassemblez la pâte en boule, couvrez-la et mettez-la au frais 2 h.

Cette préparation peut être faite la veille.

Chauffez le four à 180° (th. 5).

Sur le plan de travail légèrement fariné, abaissez la pâte à 0,5 cm d'épaisseur. Détaillez des biscuits en forme d'étoile, de cœur, d'animaux... selon le goût de vos enfants.

Dorez à l'œuf battu à l'aide d'un pinceau. Posez les sablés sur les plaques du four beurrées ou recouvertes de papier siliconé.
Cuisez pendant 14 mn en éteignant le four 5 mn après le début de la cuisson sur 3 plaques en 3 fois.

Conservation : 10 jours au sec dans une boîte hermétique.

198
SABLÉS NOUNOURS

PRÉPARATION : 20 MN

TEMPS DE REPOS : 2 H

CUISSON : 14 MN

MÊMES INGRÉDIENTS QUE POUR LA RECETTE CI-DESSUS, AVEC

20 G DE CACAO AMER EN POUDRE
300 G DE CHOCOLAT A CROQUER

Même recette que les sablés corn flower, mais ajoutez le cacao amer en poudre que vous aurez mélangé à la farine.

Glaçage : Lorsque les sablés sont froids, couvrez-les d'une fine couche de chocolat fondu, à peine tiède à l'aide de la palette et mettez-les au froid, le côté chocolaté posé sur une feuille de papier siliconé, pendant 15 mn pour obtenir un glaçage brillant.

Conservation : 10 jours au sec dans une boîte hermétique placée dans un endroit frais.

199
SABLÉS AUX NOISETTES

PRÉPARATION : 15 MN

CUISSON : 8 A 10 MN

INGRÉDIENTS POUR 60 PIÈCES ENVIRON :

100 G DE BEURRE

100 g de sucre semoule
1 sachet de sucre vanillé
3 œufs
100 g de farine
40 g de noisettes en poudre
75 g de noisettes décortiquées

MATÉRIEL :

POCHE A DOUILLE ∅ 1 cm
FOUET ÉLECTRIQUE
PAPIER SILICONÉ
CUL-DE-POULE
PLAQUE DU FOUR
PILON

Sortez le beurre du réfrigérateur 1 h à l'avance.
Broyez les noisettes grossièrement au pilon (à la grosseur de petits pois). Dans un cul-de-poule placé dans un bain-marie chaud fouettez le beurre pommade avec le sucre puis ajoutez les œufs un à un puis le sucre vanillé. Le bain-marie a l'avantage d'éviter que le mélange ne se décompose.
Mélangez dans un bol les noisettes en poudre et la farine et incorporez-les à l'appareil précédent sans trop travailler.
Chauffez le four à 200° (th. 6).
Sur la plaque du four beurrée ou recouverte de papier siliconé, dressez l'appareil à l'aide de la poche à douille en petites boules de la grosseur d'une noix ou en forme de queues d'écureuil. Parsemez la surface de noisettes hachées.
Cuisez 8 à 10 mn en prenant soin de tourner la plaque devant derrière à mi-cuisson.

Conservation : 10 jours au sec dans une boîte hermétique.

200

SACRISTAINS

Photo page 280

PRÉPARATION : 15 mn
CUISSON : 30 mn × 2

INGRÉDIENTS POUR 80 PIÈCES :
450 g de feuilletage classique (recette 3)
ou rapide (recette 4)
160 g de sucre casson si possible ou cristal
160 g d'amandes hachées
1 œuf

MATÉRIEL :

PINCEAU, ROULEAU, COUTEAU
PLAQUE DU FOUR

278

Vous pouvez préparer le feuilletage à l'avance. Il faut utiliser un feuilletage bien froid car s'il était mou, vous ne pourriez pas le façonner et il faut opérer rapidement.
Sur le plan de travail légèrement fariné, abaissez le feuilletage sortant du réfrigérateur en un rectangle de 14 × 40 cm sur 2 mm d'épaisseur.
Coupez cette abaisse dans sa longueur en 2 bandes. Pliez une bande en 2 et mettez-la au réfrigérateur.
Badigeonnez la deuxième bande à l'œuf battu à l'aide d'un pinceau. Saupoudrez avec 1/4 de sucre casson et 1/4 des amandes hachées. Faites adhérer ce mélange en passant légèrement le rouleau.
Chauffez le four à 200° (th. 6).
Retournez la bande de pâte et badigeonnez la deuxième face à l'œuf puis faites adhérer amandes et sucre comme pour la première face. Détaillez cette bande en rectangles de 2 × 7 cm et roulez deux fois chaque rectangle sur lui-même comme une papillote (voir photo p. 280).
Posez les sacristains sur la plaque du four (environ 40 par plaque). Cuisez pendant 10 mn à 200° (th. 6) puis pendant 20 mn à 160° (th. 4). Le sacristain gonfle et raccourcit à la cuisson.
Pendant la cuisson, sortez la deuxième bande du réfrigérateur, préparez-la de la même façon que la première et cuisez-la.

Conservation : 6 jours au sec dans une boîte hermétique.

201

TUILES AUX AMANDES

PRÉPARATION : 15 MN
TEMPS DE REPOS : 1 H 30
CUISSON : 8 MN × 3

INGRÉDIENTS POUR 50 PIÈCES ENVIRON :

200 G D'AMANDES EFFILÉES
185 G DE SUCRE SEMOULE
30 G DE FARINE
3 BLANCS D'ŒUFS
40 G DE BEURRE FONDU

MATÉRIEL :

BOL, SPATULE
CUILLER ET FOURCHETTE
MOULE A BABA OU ROULEAU
PLAQUE DU FOUR, PAPIER SILICONÉ

Choisir les œufs de telle façon que les 3 blancs pèsent 110 g, sinon la pâte serait trop ou pas assez liquide.
Faites tiédir le beurre.

Sacristains (recette page 278)

Dans le bol, mélangez à la spatule les amandes, le sucre, la farine, puis les blancs d'œufs et le beurre fondu tiède. Laissez reposer 1 h 30 environ au frais.

Chauffez le four à 180° (th. 5).

Sur les plaques du four bien beurrées ou recouvertes de papier siliconé, dressez avec une cuiller à soupe des petits tas de pâte que vous aplatissez avec une fourchette trempée dans du lait. Ils doivent être presque plats sinon le centre de la tuile ne cuirait pas bien. (On en dresse environ 16 à 18 par plaque.)

Cuisez en trois fois pendant 8 à 10 mn chaque plaque, en surveillant la couleur. A la sortie du four, roulez chaque tuile sur le rouleau à pâtisserie ou dans un moule à baba jusqu'à ce qu'elle soit froide.

Conservation : 6 jours au sec dans une boîte hermétique.

TABLE ALPHABÉTIQUE DES ILLUSTRATIONS

Manipulations

BISCUITS A LA CUILLER :
dressage — 19

BRIOCHES INDIVIDUELLES :
— travail de la boule de pâte — 36
— formation de la tête de la brioche — 36

BRIOCHE PARISIENNE :
— mise en place de la tête de la brioche — 36

CHAMPIGNONS EN MERINGUE SUISSE :
dressage — 33

CHOCOLATINES :
dressage — 27

CHOUX :
dressage — 39

COLISÉES :
dressage — 27

DÉCOR EN PATE D'AMANDES :
couverture de l'entremets — 66

DOIGTS DE FÉE
EN MERINGUE SUISSE :
dressage — 33

ÉCLAIRS
dressage — 39

FEUILLETAGE CLASSIQUE :
— incorporation du beurre — 23
— donner un tour — 23
— abaisser le feuilletage régulièrement — 24

FEUILLETAGE RAPIDE :
— incorporation du beurre — 25
— donner un tour double — 25

FONDS DE SUCCÈS :
dressage — 27

GLAÇAGE AU CAFÉ :
nappage — 57

MERINGUE D'AUTOMNE :
dressage — 31

MERINGUE TÊTE DE NÈGRE :
dressage — 31

NOISETTINES :
dressage — 27

PARIS-BREST :
dressage — 39

PATE A BRIOCHE SURFINE :
— incorporation des ingrédients — 34
— travail de la pâte — 34
— rompre la pâte à la main — 35

PATE BRISÉE :
— incorporation des ingrédients — 37
— fraisage et rassemblage de la pâte — 37
— fonçage du moule — 38
— chiquetage du bord de la pâte — 38

PATE SABLÉE (voir pâte brisée) — 37 et 38

SALAMBOS :
dressage — 39

SUCCÈS (petits gâteaux) :
dressage — 27

TARTELETTES FEUILLETÉES
A L'ANANAS :
découpe et pliage de la pâte — 24

Desserts terminés

1	ALLUMETTES GLACÉES	280
2	BAGATELLE AUX FRAISES	107
3	BAVAROIS SANS ALCOOL	226
4	BREAD AND BUTTER PUDDING	227
5	BRIOCHE ESTELLE AU BAVAROIS	230
6	BRIOCHE MOUSSELINE	75
7	BRIOCHE NANTERRE	75
8	BRIOCHE PARISIENNE	75
9	BRIOCHE POLONAISE	231
10	BRIOCHE ROULÉE AUX FRUITS CONFITS	78
11	BUCHE AU CAFÉ	114
12	BUCHE FRAISIER	112
13	CAROLINES AU CAFÉ	260
14	CAROLINES AU CHOCOLAT	260
15	CHARLOTTE CÉCILE	235
16	CHARLOTTE AUX POMMES	241
17	CHOCOLATINES	179
18	CHOUX AU GRAND MARNIER	260
19	CHOUX AU KIRSCH	260
20	CHOUX PRALINÉS (petits gâteaux)	183
21	CHOUX PRALINÉS (petits fours)	260
22	CLAFOUTIS TUTTI FRUTTI	157
23	COLISÉES	179
24	CONCORDE	121
25	CRÈME A LA VANILLE CARAMÉLISÉE	245.
26	CRÊPES SUZETTE	209
27	CROISSANTS	83
28	DARTOIS AUX POMMES	157
29	DÉCOR EN PATE D'AMANDES	67
30	DIAMANTS	280
31	ÉCLAIRS AU CAFÉ	183
32	ÉCLAIRS AU CHOCOLAT	183
33	ÉCLAIRS A LA CHANTILLY (gros)	183
34	FRAISIER	125
35	GATEAU DE PAQUES AU FROMAGE BLANC	129
36	GAUFRES	213
37	KOUGLOF LENOTRE	91
38	MERINGUE D'AUTOMNE	133
39	MERINGUES A LA CHANTILLY	179
40	MERINGUES TÊTE DE NÈGRE	179
41	NOISETTINES	179
42	ŒUFS A LA NEIGE	249
43	PAINS AU CHOCOLAT	83
44	PAINS AUX RAISINS	95
45	PALMIERS	269
46	PARIS-BREST	141
47	PITHIVIERS	97
48	RIZ IMPÉRATRICE AUX HUIT TRÉSORS	249
49	ROSACE A L'ORANGE	144
50	SACRISTAINS	280
51	SAINT-HONORÉ CHIBOUST	145
52	SALAMBOS (petits gâteaux)	183
53	SALAMBOS AU RHUM (petits fours)	260
54	SAVARINS (petits gâteaux)	193
55	SOUFFLÉ AU CHOCOLAT	217
56	SOUFFLÉ PRALINÉ	217
57	SUCCÈS PRALINÉ	149
58	TARTE ANTILLAISE AUX BANANES	161
59	TARTE ÉLÉONORE	165
60	TARTE AU CITRON MERINGUÉE	164
61	TARTE AUX POIRES AUX AMANDES	172
62	TARTE TATIN	173
63	TARTELETTES AUX ABRICOTS	197
64	TARTELETTES A L'ANANAS	201
65	TARTELETTES AUX CERISES	197
66	TARTELETTES COUP DE SOLEIL	197
67	TARTELETTES AUX FRUITS (mini)	260
68	TARTELETTES AUX MIRABELLES	201
69	TARTELETTES AUX MYRTILLES	201
70	TARTELETTES AUX POIRES	197

INDEX DES MATIÈRES PREMIÈRES ET DES BASES

ABRICOTAGE : voir Nappage pâtissier et recette page 9.

ABRICOTS (confiture) : Pains aux raisins, Biscuit roulé, Régent, Singapour, Tarte normande, Saint-Nicolas, Gaufres, Rochers congolais.

ABRICOTS FRAIS : Coulis, Singapour, Tartes et Tartelettes, Beignets, Abricots au sirop.

ABRICOTS SECS : Abricots au sirop.

ABRICOTS AU SIROP : Régent, Tartes et Tartelettes, Beignets.

AMANDES en poudre : Fond de Succès, Pâte sablée sucrée, Crème d'amandes, Pâte d'amandes, Friands, Linzer tarte, Mirlitons, Pithiviers hollandais, Soufflé aux pistaches, Caissettes oranges, Financiers, Palets aux raisins, Sablés arlésiens, Sablés Corn Flower et Sablés Nounours.

AMANDES effilées ou hachées : Kouglof, Pain de Gênes, Tranches de brioche aux amandes, Biscuits roulés, Fraisier, Paris-Brest, Singapour, Choux pralinés (individuels et petits fours), Gros éclairs à la Chantilly, Soufflé aux amandes, Brioche polonaise, Sacristains, Tuiles aux amandes.

ANANAS : Coulis, Babas, Singapour aux abricots, Tartes et Tartelettes, Tarte antillaise, Tartelette Coup de Soleil, Éclairs martiniquais, Beignets.

283

BANANES : Coulis, Tarte antillaise, Beignets, Omelette flambée au rhum, Tartelette Coup de Soleil, Bananes au sirop.

BAVAROIS (appareil à) : Biscuit roulé, Bavarois sans alcool, Brioche Estelle, Charlotte Cécile, Charlotte aux fraises, Charlotte aux framboises.

BIÈRE : pâte à frire.

BIGARREAUX CONFITS : Cake, Babas, Gâteau de Pâques au fromage blanc, Régent à l'abricot, Singapour, Pudding Royal, Tarte et Tartelettes à l'ananas, Savarins, Brioche polonaise, Riz impératrice.

BISCUITS A LA CUILLER : dans la composition de : Charlottes, Soufflé au grand-marnier, Val-d'Isère; comme accompagnement des : Bavarois, Coulis, Chantilly, Sauce à la vanille, Sauce au chocolat, Compotes, Salades de fruits.

BISCUIT ROULÉ : Bûche fraisier, Bûche au café, Bûche aux marrons.

BLANCS D'ŒUFS : Fond de Succès, Meringues, Glace royale, Pâte d'amandes, Friands, Allumettes glacées, Caissettes oranges, Rochers congolais, Tuiles aux amandes, Financiers.

BRIOCHE ENTIÈRE : Brioche Estelle, Brioche polonaise, Salpicon de fruits en brioche.

BRIOCHE (restes) : Tranches de Brioche aux amandes, Pudding royal.

CACAO en poudre : Meringue suisse, Bûche au chocolat, Concorde, Côte-d'Ivoire, Gâteau de Madame, Riz au chocolat pour Géral-dine, Sablés Nounours.

CAFÉ : Sirop à entremets, Glaçage au fondant, Crème au beurre, Crème pâtissière, Bûche au café, Gâteau mexicain, Moka, Éclairs, Carolines, Paris-Brest (individuels).

CANNELLE : Linzer Tarte, Tarte normande Saint-Nicolas, Fruits panachés au sirop.

CALVADOS : Soufflé aux pommes.

CARAMEL : Saint-Honoré, Salambos (individuels et petits fours), Éclairs, Crème à la vanille caramélisée, Puits d'amour.

CARAMEL LIQUIDE : pour napper une Charlotte, la Brioche Estelle au Bavarois, la Crème à la vanille, ou une glace.

CERISES : Amandines, Gâteau de Pâques au fromage blanc, Cla-foutis, Tartelettes (individuelles et petits fours), Tartelettes Coup de Soleil.

CHANTILLY : Appareil à Charlotte, Ambassadeur, Babas, Gâteau mexicain, Gâteau de Pâques au fromage blanc, Gâteau de Madame, Marquise au chocolat, Millefeuille, Paris-Brest, Rosace orange, Saint-Honoré, Éclairs à la Chantilly, Meringues, Mont-Blanc, Savarins, Bavarois sans alcool, Charlottes, Brioche Estelle au Bavarois, Riz impératrice, Riz au chocolat pour Géraldine, Tarte aux oranges confites, Gaufres.

CHANTILLY AU CHOCOLAT : Côte-d'Ivoire.

CHATAIGNES : Châtaigneraie.

CHIBOUST crème : Paris-Brest, Saint-Honoré, Choux Chiboust.

CHOCOLAT en tablette : Chantilly au chocolat, Crème au beurre, Crème pâtissière, Glaçage au chocolat, Mousse au chocolat, Sauce au chocolat, Pains au chocolat, Biscuit de l'Oncle Tom, Biscuit roulé, Concorde, Côte-d'Ivoire, Meringue d'automne, Gâteau de Madame, Marquise au chocolat, Chocolatines, Éclairs, Carolines, Meringues Tête de nègre, Soufflé au chocolat, Riz au chocolat pour Géraldine, Sablés Nounours.

CITRON : Chantellée, Tarte au citron meringuée, Soufflé au citron étoilé, Gâteau de semoule aux raisins, Abricots au sirop, Fraises au sirop, Compote de melons verts, Pruneaux au sirop, Salade de Fruits du Salpicon de fruits en brioche.

CITRON VERT : Letchis au sirop.

COLORANTS ALIMENTAIRES : Glaçage au fondant, Décors en pâte d'amandes.

COMPOTE DE POMMES : Linzer tarte, Dartois aux pommes, Tarte Éléonore, Tarte normande Saint-Nicolas.

CONFITURE D'ABRICOTS : voir Abricots.

CONFITURE DE FRAISES : voir Fraises.

CONFITURE DE FRAMBOISES : voir Framboises.

COULIS DE FRUITS : pour accompagner les Brioches, Génoises, Charlottes, Bavarois, Pudding royal, Salpicon de fruits, Gâteau de semoule aux raisins.

CRÈME D'AMANDES : Amandines, Brioche roulée aux fruits confits, Galette des Rois aux amandes, Mirlitons, Pains aux raisins, Pithiviers, Tranches de brioche aux amandes, Tarte aux mirabelles et comme garniture des tartelettes (individuelles et petits fours).

CRÈME ANGLAISE : voir Sauce à la vanille.

CRÈME AU BEURRE : Bagatelle, Biscuit roulé, Marly, Succès, Colisées, Noisettines, Meringues Tête de nègre.

CRÈME CHANTILLY : voir Chantilly.

CRÈME CHIBOUST : voir Chiboust.

CRÈME FRAICHE : Chantilly nature, Chantilly au chocolat, Sauce au chocolat, Mirlitons, Clafoutis, Tarte Éléonore, Tarte paysanne, Gaufres.

CRÈME DE MARRONS : Mont-Blanc, Charlotte aux marrons, Soufflé aux marrons.

CRÈME PATISSIÈRE : dans la composition de la crème d'amandes et de la crème Chiboust. Pour garnir toutes les pâtes à choux, Brioche roulée aux fruits confits, Gâteau basque, Pains aux raisins, Ambassadeur, Babas, Biscuit roulé, Chantellée, Gâteau de Madame, Gâteau mexicain, Marquise au chocolat, Mille-feuille, Paris-Brest, Rosace à l'orange, Saint-Honoré, Tarte à l'ananas, Tarte antillaise aux bananes, Tarte au citron merin-guée, Tarte aux oranges confites, Choux pralinés, Éclairs, Puits d'amour, Salambos, Savarins, Tartelettes, Tartelettes Coup de Soleil, Crêpes Suzette, Brioche polonaise, Petits fours frais en pâte à choux.

FEUILLETAGE CLASSIQUE : Galette aux amandes, Pithiviers, Dartois aux pommes, Tarte Éléonore, Tarte Tatin, Tarte et tartelettes à l'ananas, Palmiers, Sacristains.

FEUILLETAGE A CROISSANTS : Croissants et Pains au chocolat.

FEUILLETAGE RAPIDE : plus spécialement Mirlitons et Mille-feuilles, Allumettes glacées et Saint-Honoré mais aussi toutes les préparations avec du feuilletage classique.

FIGUES SÈCHES : Figues au sirop.

FLEUR D'ORANGER : parfume les Mirlitons, Tranches de brioche aux amandes, Clafoutis.

FONDANT : pour le glaçage des : Marronnier, Marquise au cho-colat, Éclairs et Carolines, Choux au kirsch et au grand-marnier, Meringues Tête de nègre.

FOND DE SUCCÈS : Succès, Chocolatines, Colisées, Noisettines.

FRAISES FRAICHES : Coulis, Bagatelle, Gâteau de Pâques au fromage blanc, Millefeuille, Tartes ou tartelettes, Fraises au sirop, Tartelettes Coup de Soleil, Charlotte aux fraises.

FRAISES (confiture) : Biscuit roulé, Bûche fraisier, Fraisier, Marly, Gaufres.

FRAMBOISES (confiture) : Linzer Tarte, Biscuit roulé, Gâteau de Pâques au fromage blanc, Marly, Millefeuille Val-de-Loire, Gaufres.

FRAMBOISES FRAICHES : Coulis, Biscuit roulé, Gâteau de Pâques au fromage blanc, Marly, Millefeuille, Tartelettes Coup de Soleil, Charlotte aux framboises.

FROMAGE BLANC : Chantellée, Gâteau de Pâques au fromage blanc.

FRUITS CONFITS : Brioche bordelaise, Brioche roulée aux fruits confits, Cake, Colombier, Ambassadeur, Pudding royal, Brioche polonaise, Riz impératrice.

FRUITS FRAIS ou au sirop : Coulis, Babas, Biscuit roulé, Tartes et Tartelettes, Beignets, Clafoutis, Bavarois, Charlottes aux fraises et aux framboises, Savarin individuel, Omelette flambée, Fruits panachés au sirop, Salpicon de fruits en brioche, Salade de fruits, pour accompagner une génoise ou une brioche.

GÉLATINE ALIMENTAIRE : Appareil à Bavarois et à Charlotte, Brioche Estelle, Riz impératrice, Riz au chocolat pour Géraldine.

GÉNOISE NATURE : Ambassadeur, Bagatelle, Fraisier, Gâteau de Pâques au fromage blanc, Marly, Marronnier, Marquise au chocolat, Moka au café, Régent à l'abricot, Rosace à l'orange, Singapour aux abricots.

GÉNOISE AU CAFÉ : Gâteau mexicain.

GÉNOISE AU CHOCOLAT : Côte-d'Ivoire, Gâteau de Madame.

GINGEMBRE : Riz impératrice, Abricots au sirop.

GLAÇAGE AU CHOCOLAT : Châtaigneraie, Marronnier, Marquise au chocolat, Colisées, Chocolatines, Éclairs, Carolines, Val-d'Isère.

GLAÇAGE AU FONDANT : tous les entremets, choux individuels et petits fours.

GLAÇAGE A L'EAU : Brioche roulée aux fruits confits, Colombier, Pains aux raisins, Régent à l'abricot.

GLACE ROYALE : Tarte normande (glace royale,) Allumettes glacées.

GRAND-MARNIER : Crème pâtissière, Sirop à entremets, Pain de Gênes, Ambassadeur, Babas, Crêpes Suzette, Soufflé au grand-marnier, Choux (individuels et petits fours), Salambos.

GRENADINE : Oranges à la grenadine.

GROSEILLES Gelée : Tartelettes Coup de Soleil.

JAUNES D'ŒUFS : Crème au beurre, Crème Chiboust et Crème pâtissière, Sauce à la vanille, Appareil à Bavarois et à Charlotte, Chantellée, Bread and Butter pudding, Pudding royal, Crème à la vanille caramélisée, Diamants.

JAUNES D'ŒUFS DURS : Linzer tarte.

KIRSCH, parfume les : Crème pâtissière, Sirop à entremets, Appareil à Bavarois, Sirop à Babas, Bagatelle, Bûche Fraisier, Fraisier, Gâteau de Madame, Gâteau de Pâques au fromage blanc, Marly, Régent, Singapour, Tarte à l'ananas, Soufflé aux amandes, Soufflé aux pistaches, Soufflé à la noix de coco, Brioche polonaise, Éclairs martiniquais, Val-d'Isère, Petits fours frais, Fruits en salade.

LAURIER : Poires au sirop, Figues au sirop, Fruits panachés au sirop.

LEVURE DE BOULANGER : pâte à Croissants, pâte à Brioche, Pains au chocolat, pâte à Babas, pâte à Beignets.

LEVURE CHIMIQUE : Cake, Gâteau basque, Bûche au chocolat, Côte-d'Ivoire, Gâteau de Madame, Tarte normande Saint-Nicolas.

LETCHIS : Letchis au sirop.

MADÈRE : Pêches au sirop.

MARRONS CONFITS : Bûche aux marrons, Marronnier, Soufflé aux marrons, Charlotte aux marrons.

MARRONS (châtaignes fraîches) : Châtaigneraie.

MELON VERT : Compote de melons verts.

MERINGUE FRANÇAISE : Crème au beurre, Bûche au café, Bûche Fraisier, Concorde, Fraisier, Meringue d'automne, Moka au café, Tarte au citron meringuée, Meringues à la Chantilly, Meringues Tête de nègre, Mont-Blanc.

MERINGUE ITALIENNE : Tarte au citron meringuée, Brioche polonaise.

MERINGUE SUISSE : Doigts de fée du Concorde, Champignons des bûches.

MIEL : Abricots au sirop, Poires au sirop.

MIRABELLES FRAICHES ou AU SIROP : Tarte et Tartelettes.

MOUSSE AU CHOCOLAT : Biscuit roulé, Bûche au chocolat, Concorde, Meringue d'automne, Chocolatines, Meringues Tête de nègre, Brioche Estelle, Charlotte Cécile.

MYRTILLES : Biscuit roulé, Tartes et Tartelettes.

NAPPAGE PATISSIER : il décore les Cake, Babas, Biscuits roulés, Tartes et Tartelettes, Savarins individuels.

NOISETTES : Gâteau mexicain, Noisettines, Sablés aux noisettes.

NOIX : Val-d'Isère, Fruits panachés au sirop.

NOIX DE COCO : Soufflé à la noix de coco, Rochers congolais.

ORANGES : Colombier, Gâteau basque, Rosace à l'orange, Tarte aux oranges confites, Beignets, Crêpes Suzette, Soufflé au grand-marnier, Riz impératrice, Oranges à la grenadine, Pruneaux au sirop, Caissettes oranges.

PAIN DE MIE : Bread and Butter Pudding, Charlotte aux pommes.

PATE D'AMANDES CRUE : Colombier, Pain de Gênes, Val-d'Isère.

PATE D'AMANDES utilisée pour les décors de : Bagatelle, Bûches, Ambassadeur, Marly, Marronnier et éventuellement tous les entremets, petits sujets, Bonhommes de neige, Animaux, Torsades, Feuilles de houx.

PATE A BABAS : Babas, Savarins individuels.

PATE A BEIGNETS : Beignets mille fruits.

PATE A BRIOCHE : Brioche bordelaise, Brioches individuelles, Brioche mousseline, Brioche Nanterre, Brioche parisienne, Brioche roulée aux fruits confits, Kouglof, Pains aux raisins, Chantellée.

PATE BRISÉE : Amandines, Clafoutis et toutes les Tartes et Tartelettes.

PATE A CHOUX : Paris-Brest, Saint-Honoré, Choux pralinés, Éclairs, Salambos, Puits d'amour, Carolines et autres petits fours frais.

PATE A CROISSANTS : Croissants, Pains au chocolat.

PATE A CREPES : Crêpes Suzette.

PATE FEUILLETÉE : voir Feuilletage.

PATE A FRIRE : Beignets mille fruits.

PATE DE MARRONS : Bûche aux marrons, Marronnier, Soufflé aux marrons.

PATE SABLÉE SUCRÉE : Amandines, Tarte antillaise aux bananes, Tarte au citron meringuée, Tarte aux oranges confites, Tartelettes individuelles et petits fours, Mont-Blanc, Val-d'Isère.

PÊCHES : Coulis, Clafoutis, Babas, Tarte aux pêches aux amandes, Beignets mille fruits, Tartelettes Coup de Soleil, Charlotte aux pêches, Riz impératrice, Pêches au sirop.

PISTACHES : Soufflé aux pistaches.

POIRES : Coulis, Babas, Clafoutis, Tartes et Tartelettes, Beignets mille fruits, Tartelettes Coup de Soleil, Charlotte aux poires, Fruits panachés au sirop, Poires au sirop, Tartelettes petits fours.

POMMES : Dartois, Tarte Éléonore, Tarte normande glace royale, Tarte normande Saint-Nicolas, Tarte paysanne, Tarte Tatin, Beignets mille fruits, Soufflé aux pommes, Omelette flambée au rhum, Charlotte aux pommes, Compote de pommes.

PRALINES : Soufflé praliné, Ile flottante.

PRALINE EN POUDRE : Crème au beurre, Crème pâtissière, Paris-Brest, Soufflé praliné, Choux pralinés, Colisées, Noisettines, Succès, Choux pralinés (petits fours).

PRUNEAUX : Far, Fruits panachés au sirop, Pruneaux au sirop.

PURÉE DE FRUITS : voir Coulis.

RAISINS SECS : Brioche roulée aux fruits confits, Pains aux raisins, Kouglof, Far, Pudding royal, Tarte normande Saint-Nicolas, Tarte paysanne, Colisées, Gâteau de semoule aux raisins, Palets aux raisins. (Les raisins secs doivent être rincés à l'eau chaude et égouttés avant utilisation).

RHUBARBE : Compote de rhubarbe.

RHUM : Crème d'amandes, Crème pâtissière, Sirop à entremets, Brioche roulée aux fruits confits, Cake, Gâteau basque, Kouglof, Linzer Tarte, Pain de Gênes, Pains aux raisins, Tranches de brioche aux amandes, Babas, Châtaigneraie, Côte-d'Ivoire, Bûche aux marrons, Marronnier, Far, Tarte antillaise aux bananes, Beignets, Crêpes Suzette, Omelette flambée, Soufflé praliné, Soufflé aux marrons, Gâteau de semoule aux raisins, Bananes au sirop, Colisées, Mont-Blanc, Salambos, Savarins, Palets aux raisins.

RIZ ROND : Riz impératrice, Riz au chocolat pour Géraldine.

SALADE DE FRUITS : voir Fruits.

SAUCE AU CHOCOLAT : pour accompagner les Pudding royal, Soufflé au chocolat, Brioche Estelle au Bavarois, Charlotte Cécile, Charlotte aux marrons, Gaufres.

SAUCE A LA VANILLE, dans la composition des : Bavarois, Charlottes, Brioche Estelle, Ile flottante, Œufs à la neige; comme accompagnement des Brioches, Biscuits à la cuiller, Pain de Gênes, Bread and Butter Pudding, Pudding royal, Charlotte Cécile, Charlotte aux pommes, Crème à la vanille caramélisée, Riz au chocolat pour Géraldine, Riz impératrice.

SEMOULE DE BLÉ : Gâteau de semoule aux raisins.

SIROP A BABAS : pour tremper les Kouglof, Babas, Savarins individuels.

SIROP A ENTREMETS : pour imbiber les : Brioche roulée aux fruits confits, Tranches de brioche aux amandes, pour diluer le fondant, imbiber tous les gros gâteaux à base de Génoise, Brioche polonaise, Brioche Estelle.

SUCRE CRISTAL ou CASSON : Brioche bordelaise, Diamants, Sacristains.

SUCRE GLACE : dans la composition des Biscuits à la cuiller, Fond de Succès, Meringues, Pâte sablée sucrée, Crème d'amandes, Pâte d'amandes, Glaçage au chocolat, Glaçage au fondant, Glace royale, Galette des Rois aux amandes, Cake, Friands, Tarte Éléonore, Tarte normande (glace royale), Allumettes glacées, Caissettes oranges, Financiers, Palets aux raisins, Palmiers, Sablés arlésiens, Sablés Corn Flower, Sablés Nounours.

SUCRE GLACE : décore les entremets couverts de Glaçage au chocolat et au fondant, Tranches de brioche aux amandes, Galette des Rois aux amandes, Kouglof, Mirlitons, Pithiviers et Pithiviers hollandais, Mousse au chocolat, Biscuit roulé, Millefeuille, Paris-Brest, Succès, Soufflés, Chocolatines, Choux pralinés, Noisettines, Brioche polonaise, Gaufres.

VANILLE : parfume les : Chantilly, Crème Chiboust, Crème pâtissière, Sirop à entremets, Sauce à la vanille, Appareil à Bavarois, Biscuit de Savoie, Gâteau basque, Mirlitons, Clafoutis, Dartois aux pommes, Far, Bread and Butter Pudding, Pudding royal, Sirop à Babas, Châtaigneraie, Soufflé aux pommes, Soufflé à la vanille, Charlotte Cécile, Bavarois sans alcool, Charlotte aux pommes, Crème à la vanille caramélisée, Riz au chocolat pour Géraldine, Riz impératrice, Diamants, Palets aux raisins, Sablés Corn Flower, Sablés aux noisettes, Compote de pommes, Compote de rhubarbe et autres, Fruits au sirop, Fraises au sirop (on peut l'utiliser une deuxième fois séchée et broyée avec du sucre).

VERMICELLE DE CHOCOLAT : Meringues Tête de nègre.

VIN BLANC : Abricots au sirop, Fraises au sirop.

VIN ROUGE : Figues au sirop, Pêches et pruneaux au sirop, Fruits panachés au sirop.

WHISKY : Charlotte aux marrons.

TABLE DES RECETTES
PAR ORDRE ALPHABÉTIQUE

ABRICOTAGE	9	BISCUITS ROULÉS (Garnis)	109
ABRICOTS AU SIROP	251	BREAD AND BUTTER PUDDING	228
ABRICOTS FRAIS AVEC LEURS NOYAUX	251	BRIOCHES (Principe général)	229
ALLUMETTES GLACÉES	267	BRIOCHE BORDELAISE	72
AMANDINES AUX CERISES	71	BRIOCHE ESTELLE AU BAVAROIS	229
AMBASSADEUR	103		
APPAREIL A BAVAROIS	63	BRIOCHE ESTELLE A LA MOUSSE AU CHOCOLAT	232
APPAREIL A CHARLOTTE	63	BRIOCHES INDIVIDUELLES	73
APPAREIL A SOUFFLÉ	64		
BABAS AU RHUM, AU KIRSCH OU AU GRAND-MARNIER	105	BRIOCHE MOUSSELINE	74
		BRIOCHE NANTERRE	76
BAGATELLE AUX FRAISES	106	BRIOCHE PARISIENNE	77
BANANES AU SIROP	252	BRIOCHE POLONAISE	233
BAVAROIS SANS ALCOOL	225	BRIOCHE ROULÉE AUX FRUITS CONFITS	78
BEIGNETS MILLE FRUITS	207		
BISCUITS A LA CUILLER	19	BUCHE AU CAFÉ	114
BISCUIT DE L'ONCLE TOM	107	BUCHE AU CHOCOLAT	115
BISCUIT DE SAVOIE	71	BUCHE AUX MARRONS	116
BISCUIT ROULÉ (Base)	21	BUCHE FRAISIER	110

293

CAKE AUX FRUITS CONFITS	80
CAISSETTES ORANGES	268
CARAMEL LIQUIDE	48
CAROLINES AU CAFÉ	263
CAROLINES AU CHOCOLAT	263
CHANTILLY NATURE VANILLÉE	45
CHANTILLY AU CHOCOLAT	46
CHANTELLÉE (La)	156
CHARLOTTE CÉCILE	236
CHARLOTTE AUX FRAISES	237
CHARLOTTE AUX FRAMBOISES	237
CHARLOTTE AUX MARRONS	238
CHARLOTTE AUX PÊCHES	239
CHARLOTTE AUX POIRES	239
CHARLOTTE AUX POMMES	240
CHATAIGNERAIE	117
CHOCOLATINES	177
CHOUX AU GRAND-MARNIER	264
CHOUX AU KIRSCH	264
CHOUX PRALINÉS (Petits gâteaux)	177
CHOUX PRALINÉS (Petits fours)	265
CLAFOUTIS TUTTI FRUTTI	153
COLISÉES	180
COLOMBIER DE LA PENTECOTE	82
COMPOTE DE MELONS VERTS	256
COMPOTE DE POMMES	257
COMPOTE DE RHUBARBE	257
CONCORDE	118
COTE-D'IVOIRE	120
COULIS DE FRUITS FRAIS	47
CRÈME D'AMANDES	49
CRÈME ANGLAISE (voir sauce à la vanille)	62
CRÈME AU BEURRE NATURE	53
CRÈME AU BEURRE AU CAFÉ	54
CRÈME AU BEURRE AU CHOCOLAT	54
CRÈME AU BEURRE PRALINÉE	54
CRÈME CHIBOUST	51
CRÈME PATISSIÈRE VANILLÉE	55
CRÈME PATISSIÈRE AU CAFÉ	56
CRÈME PATISSIÈRE AU CHOCOLAT	56
CRÈME A LA VANILLE CARAMÉLISÉE	242
CRÊPES SUZETTE FOURRÉES	208
CROISSANTS	84
DARTOIS AUX POMMES	154
DÉCOR EN PATE D'AMANDES	66
DIAMANTS	270
ÉCLAIRS AU CAFÉ	181
ÉCLAIRS AU CHOCOLAT	181
GROS ÉCLAIRS A LA CHANTILLY	182
ÉCLAIRS MARTINIQUAIS	184
FAR AUX PRUNEAUX	155
FAR AUX RAISINS	155
FEUILLETAGE CLASSIQUE	23
FEUILLETAGE RAPIDE	25
FIGUES AU SIROP	252
FINANCIERS	271

FOND DE SUCCÈS	27	MILLEFEUILLE	134
FRAISES AU SIROP	253	MILLEFEUILLE A LA CRÈME PATISSIÈRE	135
FRAISIER	122		
FRIANDS	85	MILLEFEUILLE AUX FRAISES	137
FRUITS AU SIROP (Principe général)	250	MILLEFEUILLE AUX FRAMBOISES	137
FRUITS PANACHÉS AU SIROP	253	MILLEFEUILLE VAL-DE-LOIRE	136
GALETTE DES ROIS AUX AMANDES	86	MINI-TARTELETTES AUX FRUITS	266
GATEAU BASQUE	87	MIRLITONS	92
GATEAU DE MADAME	123	MOKA AU CAFÉ	137
GATEAU MEXICAIN	126	MONT-BLANC	186
GATEAU DE PAQUES AU FROMAGE BLANC	127	MOUSSE AU CHOCOLAT	60
GATEAU DE SEMOULE AUX RAISINS	243	NOISETTINES	187
GAUFRES	211	ŒUFS A LA NEIGE	246
GELÉE DE GROSEILLES	259	OMELETTE FLAMBÉE AU RHUM	212
GÉNOISE NATURE	29	ORANGES A LA GRENADINE	258
GLAÇAGE AU CHOCOLAT	57		
GLAÇAGE AU FONDANT	58	PAINS AU CHOCOLAT	93
GLACE ROYALE	168	PAIN DE GÊNES	96
ILE FLOTTANTE	244	PAINS AUX RAISINS	94
KOUGLOF ALSACIEN	90	PALETS AUX RAISINS	272
KOUGLOF LENOTRE	88	PALMIERS	273
LINZER TARTE	90	PARIS-BREST (gros gâteau)	138
LETCHIS AU SIROP	254	PARIS-BREST (individuel)	188
MARLY AUX FRAMBOISES	128	PATE D'AMANDES (à faire chez soi)	50
MARQUISE AU CHOCOLAT	130	PATE A BABAS	104
MARRONNIER	131	PATE A BRIOCHE	34
MERINGUE D'AUTOMNE	132	PATE BRISÉE	37
MERINGUES A LA CHANTILLY	185	PATE A CHOUX	39
MERINGUE FRANÇAISE	31	PATE A CRÊPES	209
MERINGUE ITALIENNE	163	PATE A BEIGNETS	207
MERINGUE SUISSE	33	PATE SABLÉE SUCRÉE	41
MERINGUES TÊTE DE NÈGRE	185	PÊCHES AU SIROP	255
		PETITS FOURS FRAIS	263

PETITS FOURS SECS	267	SIROP A BABAS	105
PITHIVIERS	98	SOUFFLÉ AUX AMANDES	214
PITHIVIERS HOLLANDAIS	99	SOUFFLÉ AU CITRON ÉTOILÉ	214
POIRES AU SIROP	255	SOUFFLÉ AU CHOCOLAT	215
PRUNEAUX AU SIROP	256	SOUFFLÉ AU GRAND-MARNIER	216
PUDDING ROYAL	158	SOUFFLÉ AUX MARRONS	218
PUITS D'AMOUR	189	SOUFFLÉ A LA NOIX DE COCO	220
RÉGENT A L'ABRICOT	140	SOUFFLÉ AUX PISTACHES	219
RIZ AU CHOCOLAT POUR GÉRALDINE	247	SOUFFLÉ AUX POMMES	221
RIZ IMPÉRATRICE AUX HUIT TRÉSORS	248	SOUFFLÉ PRALINÉ	219
ROCHERS CONGOLAIS	274	SOUFFLÉ A LA VANILLE	222
ROSACE A L'ORANGE	142	SUCCÈS PRALINÉ (gros gâteau)	148
SABLÉS ARLÉSIENS	275	SUCCÈS	195
SABLÉS CORN FLOWER	276	TARTE AUX ABRICOTS	159
SABLÉS AUX NOISETTES	277	TARTE FEUILLETÉE A L'ANANAS	159
SABLÉS NOUNOURS	277	TARTE ANTILLAISE AUX BANANES	162
SACRISTAINS	278	TARTE AU CITRON MERINGUÉE	163
SAINT-HONORÉ CHIBOUST	143	TARTE ÉLÉONORE	164
SAINT-HONORÉ (individuel)	190	TARTE AUX MIRABELLES	166
SALAMBOS AU RHUM (individuels)	191	TARTE NORMANDE GLACE ROYALE	167
SALAMBOS AU RHUM (Petits fours)	265	TARTE NORMANDE SAINT-NICOLAS	168
SALPICON DE FRUITS EN BRIOCHE	232	TARTE AUX ORANGES CONFITES	169
SAUCE AU CHOCOLAT	61	TARTE PAYSANNE	170
SAUCE A LA VANILLE	62	TARTE AUX PÊCHES AUX AMANDES	171
SAVARIN A LA CHANTILLY	194	TARTE AUX POIRES AUX AMANDES	171
SAVARIN A LA CRÈME PATISSIÈRE	194	TARTE TATIN	174
SAVARIN A LA SALADE DE FRUITS	194	TARTELETTES AUX ABRICOTS	199
SINGAPOUR AUX ABRICOTS	146	TARTELETTES A L'ANANAS	200
SIROP A ENTREMETS	59		

TARTELETTE A L'ANANAS COUP DE SOLEIL	202
TARTELETTES AUX CERISES	198
TARTELETTE AUX CERISES COUP DE SOLEIL	202
TARTELETTE AUX FRAISES COUP DE SOLEIL	202
TARTELETTE AUX FRAMBOISES COUP DE SOLEIL	202
TARTELETTE AUX GROSEILLES COUP DE SOLEIL	202
TARTELETTES AUX MIRABELLES	198

TARTELETTES AUX MYRTILLES	199
TARTELETTE AUX PÊCHES COUP DE SOLEIL	202
TARTELETTES AUX POIRES	199
TARTELETTE AUX POIRES COUP DE SOLEIL	202
TARTELETTES AUX FRUITS (base)	196
TARTELETTES AUX FRUITS (petits fours)	266
TRANCHES DE BRIOCHE AUX AMANDES	100
TUILES AUX AMANDES	279
VAL-D'ISÈRE	203

TABLE DES MATIÈRES

Avant-propos   5

Explication des principaux termes employés   9

Matériel nécessaire   12

Aide-mesures   16

Tableau des températures de cuisson   16

CHAPITRE I
Pâtes et biscuits   17

CHAPITRE II
Crèmes et sirops   43

CHAPITRE III
Gâteaux de voyage   69

CHAPITRE IV
Gros gâteaux et entremets   101

CHAPITRE V
Flans et tartes   151

CHAPITRE VI
Petits gâteaux   175

CHAPITRE VII
Entremets chauds de cuisine   205

CHAPITRE VIII
Entremets froids de cuisine   223

CHAPITRE IX
Petits fours   261
Table alphabétique des illustrations   281
Index des matières premières et des bases   283
Table des matières par ordre alphabétique   293

CHEZ LE MÊME ÉDITEUR

L'ART CULINAIRE FRANÇAIS
par les grands maîtres de la cuisine

Bernachon
LA PASSION DU CHOCOLAT

Michel Biehn
LE CAHIER DE RECETTES PROVENÇALES

Paul Bocuse
BOCUSE DANS VOTRE CUISINE
LA CUISINE DU MARCHÉ
BOCUSE À LA CARTE
CUISINE DES RÉGIONS DE FRANCE

Escoffier
MA CUISINE

Pierre Gaertner et Robert Frédérick
LA CUISINE ALSACIENNE

Paul, Marc et Jean-Pierre Haeberlin
LES RECETTES DE L'AUBERGE DE L'ILL

Ginette Hell-Girod
LE LIVRE DES TARTES

Henriette Lasnet de Lanty
CONSERVES FAMILIALES

Gaston Lenôtre
FAITES LA FÊTE
DESSERTS TRADITIONNELS DE FRANCE

Ernest Pasquet
LA PÂTISSERIE FAMILIALE

Pellaprat
LA CUISINE FAMILIALE ET PRATIQUE
LE POISSON
DANS LA CUISINE FRANÇAISE

Marie-Noël Rio
JE NE SAIS PAS CUISINER

Christiane Sand
A LA TABLE DE GEORGE SAND

Roger Vergé
LES LÉGUMES, RECETTES
DE MON MOULIN
LES FRUITS DE MON MOULIN
LES TABLES DE MON MOULIN

Pierre et Michel Troisgros
CUISINE DE FAMILLE
CHEZ LES TROISGROS

Ouvrage collectif
PUR CHOCOLAT -
LES MEILLEURS DESSERTS

L'Ecole des Petits Marmitons
PETITS CHEFS EN CUISINE

La Mazille
LA BONNE CUISINE DU PÉRIGORD

Ginette Mathiot
LA CUISINE DE GINETTE MATHIOT

Philippe Lamboley et Catherine Amor
MARCHÉS DE FRANCE

Jacques Chibois et Olivier Baussan
SAVEURS ET PARFUMS
DE L'HUILE D'OLIVE